꽃비 오니
봄날이다

꽃비 오니 봄날이다

사 소 한 　 것 들 에 　 대 한 　 예 찬

동은 지음

책을 다시 펴내며

몇 년 전 교계 신문에 연재했던 글을 모아 《사소한 것은 없다》라는 책을 출간하고 북콘서트를 서울에서 한 적이 있다. 총무원 청사 지하에 있는 전통문화예술공연장에서 콘서트를 열었는데, 많은 스님들께서 참석해 자리를 빛내주셨다. 강원도 산골 두타산 자락에서 조용하게 살고 있는 산승에게 뜻깊은 콘서트를 준비해준 출판사와 도움을 준 모든 분들이 고마웠다.

또한 총무원장 스님을 비롯해 각계 지인들이 많은 축하 화환과 난을 보내주셨다. 그분들께 감사 인사를 드리려고 하나씩 확인하며 메모를 해나가는데 유난히 눈에 띄는 꽃이 하나 있었다. 아니, 잘 살펴야 보일 만한 손바닥 크기 정도의 작은 꽃바구니였다. '누가 이런 선물을 보냈을까' 하고 보니 멀리 네팔 설산 오두막에서 수행 중이신 도반 천호 스님이 보낸 것이었다. 축하 리본에는 '사소한 꽃은 없다', '히말라야 에뷰선원에서 도반' 이렇게 쓰여 있었다.

이야! '사소한 꽃은 없다'라니. 글자 하나만 살짝 바꾼 것인데 《사소한 것은 없다》 북콘서트 자리에 딱 어울리는 아주 멋진 문구였다. 먼 타국에서 잊지 않고 축하 꽃바구니와 오랫동안 기억에 남을 메시지를 보내주신 스님 생각에 가슴이 먹먹했다. 이날, 무심코 지나가면 눈에 잘 띄지도 않을 작은 꽃바구니에서 뿜어내는 아우라는 콘서트장을 압도했다.

사소한 꽃은, 당연히 없다. 최첨단 '스마트팜' 시스템으로 완벽하게 길러낸 화려한 꽃이든, 설산에서 온

갓 추위를 견뎌내며 간신히 피워낸 작은 꽃송이든 모든 꽃은 아름답다. 다만 보는 사람들이 저마다의 잣대를 들이대며 이러쿵저러쿵 분별심을 낼 뿐이다. 사소한 꽃이 없듯이 우리를 스쳐가는 작은 인연들도 결코 사소한 것이 없다. 세상의 큰일들도 알고 보면 사소한 말다툼이나 별것 아닌 감정싸움에서 시작된 경우가 허다하다. 사소함의 가치를 알 때 우리는 비로소 진정한 삶의 행복을 발견하는 것이다.

세상 모든 일에는 사연이 있다. 혼자서 이루어지는 것은 없다. '이것이 있으므로 저것이 있고 이것이 없어지면 저것도 없어진다.' 부처님께서도 6년 고행 끝에 깨달으신 것이 바로 이 연기緣起의 도리다. 우리는 살아가면서 끝없이 상호작용을 한다. 우연이든 고의든 그것을 피할 수는 없다. 이 한 몸 살아내기 위하여 얼마나 많은 인연들이 모이고 모여 애쓰고 있는지 모른다. 수많은 인연들의 도움이 있어야 마침내 성공도 하고 아름다운 꽃을 피워낼 수 있는 것이다.

지난번 출간했던 《사소한 것은 없다》 개정판을 주변 지인들의 권유를 핑계 삼아 내게 되었다. 그때 사정상 모두 수록하지 못해 아쉬웠던 글들과 삽화들이 이번에 빛을 보게 되어 다행이다. "행복은 저녁노을이다. 누구에게나 보이지만 사람들은 고개를 돌려 다른 쪽을 바라보기에 그것을 놓치기 일쑤다"라는 말이 있다. 나에게 주어진 사소하고 평범한 일상이 다른 누군가에겐 영혼을 팔아서라도 되찾고 싶은 간절한 소망일 수도 있다. 행복? 멀리 있지 않다. 지금 이 순간이 바로 기적이고 가피다. 다시 봄날이다.

                    2025년 산벚꽃 아름다운 봄날
                두타산 천은사 수연재에서 동은

차례

책을 다시 펴내며 · 04

시작하며 · 11

일주문 | 들어올 땐 업장소멸 나갈 땐 복덕구족 · 14

찻잔 | 차향을 머금은 찻잔 · 22

도반 | 도반은 수행의 전부다 · 30

탑과 부도 | 수행자의 시작과 끝 · 39

의자 | 참외와 호박한테도 의자를 내줘야지 · 47

차안과 피안 | 여기 또는 거기 · 56

발 | 맨발과 양말 · 65

나무 | 나무木와 나무南無 · 73

와불 | 인간적인, 너무나 인간적인 · 83

선재동자 | 어린왕자와 지구별 친구 · 91

바람 | 그물에 걸리지 않는 바람처럼 · 100

출가 | 틀을 깨고 나와야 다다를 수 있다 · 109

노을 | 해 질 무렵, 여운을 남기는 삶 · 119

길과 암자 | 길 위에서 · 129

여행 | 내 인생의 '초우따라' · 137

감성과 이성 | 알고 보면 각자의 입장이 있을 뿐 · 146

스승 | 스미고 번져나가 피어나는 것 · 155

소리 | 구월이 오는 소리 · 164

편지 | 누구라도 그대가 되어 받아주세요 · 171

안경 | 내가 보는 것이 진실은 아니다 · 180

꽃 | 어제는 우화雨花 오늘은 금화今花 · 189

볼펜 | 가난한 볼펜, 만년필을 품다 · 196

출퇴근 | 스쳐간 일상에 부처 아님이 없다 · 204

노년 | 늙어가는 것에 대하여 · 213

마치며 · 222

시작하며

사소한 것이 인생을 바꾼다

살다 보면 누구에게나 소중한 물건이 하나쯤 생기게 마련이다. 내겐 오래된 찻잔 하나가 그러하다. 출가 후 가장 힘들었던 시절, 지리산 토굴에서 정진할 때 사용하던 찻잔이다. 투박하며 멋도 없고 여기저기 금이 가 있다. 보물처럼 아껴두었다가 가끔 이 잔에 차를 마신다.

참 신기하다. 이 잔에 차를 마시면 바로 타임머신

을 타고 40여 년 전 지리산 토굴 시절로 돌아가는 듯하다. 토굴 옆 계곡 물소리가 들리는 듯하고, 앞산을 물들이던 초록들이 눈에 선하다.

나도 사람인지라 살다가 힘든 일이 더러 생기기도 한다. 그런데 이 찻잔을 만지면서 차 한잔하고 있노라면 문득 퇴색되어가는 초발심을 경책하는 선지식이라도 만난 듯 정신이 번쩍 들게 해주니 나에게는 아주 소중한 물건이 아닐 수 없다. '사소한 찻잔' 하나가 수행의 의지처가 되고 위대한 포기의 밑거름이 되어 지금의 나를 있게 한 것이다.

살아가면서 우리는 늘 사소한 것에 목숨을 건다. 별것도 아닌 일에 욕심을 부리고 화를 낸다. 그리고 그 일이 씨앗이 되어 결국 인생이란 커다란 나무의 가지가 부러지기도 하고 뿌리째 뽑히기도 한다.

사람들이여, 사소한 것을 절대 우습게 보면 안 된다. 사소(些少)한 것을 잘 쓰면 스승으로 삼을(사소師所) 수 있고, 대수롭지 않게 봤다간 죽는 곳(사소死所)이 될 수도 있다. 사소한 것들로 우리네 인생이 바뀔 수 있다. 사소함이란 결코 사소한 것이 아니다.

영화를 보다 보면 주연보다 빛나는 조연이 있다. 배경으로 깔리는 노을 때문에 그 영화가 세기에 남는 명작이 되기도 한다. 이 책이 그러하다. 거친 글에 아름다운 삽화로 비단옷을 입혀주신 허재경 작가님께 다시 한 번 깊은 감사를 드린다.

그나저나 틀어진 벽장문 열 때마다 낑낑대며 가끔 손가락을 찧기도 했는데, 오늘은 작정하고 문틀 손을 좀 봐야겠다. 손가락 몇 개 부러지기 전에…….

· 일주문

들어올 땐 업장소멸
나갈 땐 복덕구족

간밤에 내린 눈으로 온 세상이 하얗게 솜이불을 덮고 있다. 차들도 다닐 수 없게 되자 절로 올라오는 길은 인적이 끊겼다. 저 멀리 마을 쪽에서 까만 점들이 점점 가까이 다가왔다. 일주문이 모처럼 늦잠을 자고 있다가 두런두런 말소리에 눈을 떴다.

오늘은 기도 회향일, 부처님께 올릴 떡과 공양미를 머리에 이고 오는 신도님들이다. 모두 먼 길을 걸어오셨는지 가쁜 숨을 몰아쉬며 내리는 눈을 피해 일주문 아래에 잠시 앉으셨다.

"아이고, 뭔 눈이 이리도 온대? 차가 올라가질 못하니 내 다리만 아파 죽겠네. 하기사 내가 젊었을 땐 이 길을 애 업고 공양미 머리에 이고 북평에서 '저시고개'를 넘어 절에 다녔으니, 그때 생각하면 이 정도는 호사지 뭐, 안 그래?"

"그래, 맞아. 나도 그때 큰놈 업고 다니면서 땀깨나 흘렸지. 그래도 그때가 좋았어. 그렇지?"

"하하, 맞아 맞아. 좀 쉬었으니까 또 올라가볼까?"

보살님들은 오랜만에 추억에 젖어 깔깔거리며, 다시 눈길 속으로 발걸음을 재촉하셨다. 멀리 사라져가는 보살님들을 일주문이 빙긋이 웃으며 지켜보았다.

세상에 사연 없는 대문이 어디 있을까만, 그래도 절집 일주문만큼 많은 사연을 간직한 대문도 없을 것이다. 문도 없는 이 대문 앞에서 얼마나 많은 출가자가 고뇌하고 망설이다가 끝내 산중에 발을 들여놓지 못하고 돌아갔을까? 혹은 어렵게 입산해서 출가수행까지 하다가 이런저런 사연으로 인해 이 산문을 나서야 했던 수행자들은 또 얼마나 될까? 그래도 차마 이 일주문을 나서지 못하고 왔던 발걸음을 다시 돌려 산사로 되돌아간 사람들이, 산중을 지키는 버팀목이 되어 부처님의 혜명慧命을 잇고 있는 것이리라.

산사 일주문에 매달려 있는 풍경들은 그 절의 온갖 애환을 간직한 타임캡슐과도 같다. 바람결에 그 절절한 사연들을 모두 풀어내며 무상법문을 하고 있는 것이다. 아마 나의 가슴 아픈 추억의 한 장면도 월정사 일주문 밖 어디쯤에선가 서성이고 있을 게다.

수계受戒를 한 그해 겨울이었다. 눈이 하얗게 내린 전나무 숲길을 걸어 일주문 아래에 섰다. 출가할 때 뭔지도 모르고 꾸벅 인사하고 지나갔던 그 일주문. 잠시 숨을 돌린 후 왔던 길을 되돌아보았다. 이 길을 언제 다시 올지 모른다는 안타까움과 까닭 모를 서러움에 나도 모르게 눈물이 났다. 눈에서 흐르는 물인지, 눈이 녹아내리는 물인지도 모르는……. 지리산 토굴로 떠나는 걸망 위로 목화송이 같은 눈이 하염없이 내렸다. 무릎까지 푹푹 빠지는 눈을 헤치며 몇 시간을 걸어 진부에 도착했을 때는 거의 탈진 상태였다.

일주문은 두 기둥 위에 서 있었다. 대개 집들은 사방으로 된 기둥 위에 서 있는데, 일주문은 두 기둥만으로 서서 균형을 잡고 있으려니 얼마나 힘들겠는가. 세상살이가 그리 만만하지 않으니 온힘을 다해 열심히 살아가라고 묵묵히 보여주고 있는 것인지도 모른다.

그러나 이 불안하면서도 위풍당당한 문에는 사실 비밀이 숨겨져 있다. 보통 사람들의 눈에는 잘 보이지 않는 '출입체크기'가 바로 그것이다. 어찌 부처님께서 일반 회사의 출입문처럼 카드를 갖다 대야 들어갈 수 있는 문을 만들겠는가? 그저 법당에 딱 앉아서도 누가 어떤 소원을 가지고 올라오는지 훤히 꿰뚫어 보시니

까 부처님인 것이다.

　보통은 이 문을 통과하는 순간 웬만한 번뇌나 망상쯤은 깨끗이 치유가 된다. "입차문래 막존지해 入此門來 莫存知解, 이 문에 들어올 때는 알음알이를 버려라." 일주문 두 기둥에 걸려 있는 부처님의 처방전이다. 나만 옳고 잘났다는 생각을 버리라는 것이다.

　여기서 치료가 되지 않은 사람들은 2차로 법당까지 와서 부처님 전에 소원을 빈다. 일주문을 걸어서 통과하지 않고 옆으로 지나치거나, 차를 타고 쌩 지나가면 1차 치료소는 그냥 통과하는 것이나 마찬가지다. 그러니까 웬만하면 사찰을 참배할 때 일주문 밖에 차를 세우고 걸어가는 것이 좋다. 멋진 대문이 있는데 그곳을 통과하지 않고 옆으로 지나친다면 일주문에 대한 예의가 아니다.

　일주문은 사실상 불자들이 사찰을 출입하는 처음이자 마지막인 곳이다. 이 문을 들어오면서 세속에 물든 마음자리를 깨끗이 비워내고, 나갈 때는 그 비워진 곳에 맑고 청정한 부처님의 가르침을 채워간다. 그러니까 일주문은 복福이란 통장 잔고를 자동으로 체크하는 장소인 셈이다.

카드는 통장 잔고가 없으면 무용지물이다. 아무리 절에 수십 년을 다녀도 공덕을 쌓지 않고 복 밭에 씨를 뿌리지 않으면 통장 잔고는 바닥을 면치 못한다. 예금도 하지 않은 통장의 카드를 쓰면서 잔고가 없다고 투덜대면 바보다. 입으로만 '관세음보살' 찾지 말고, 몸으로 지금 내 곁에 '살아 있는 부처'들을 공양해야 한다. 남편 부처, 아내 부처, 아들 부처, 딸 부처, 엄마 부처, 아빠 부처, 도반 부처, 행인 부처…… 둘러보면 부처 아닌 것이 없다.

이제 곧 목적지만 설정하면 그곳까지 자동차가 데려다주는 시대가 온다. 그러하니 신심과 복덕을 체크해주는 기계가 나오지 말란 법도 없다. 일주문에 '수행

자동 측정기'가 설치되어, 통과할 때마다 "딩동, 보살님께서는 그동안 수행을 열심히 하셨군요. 이제 남은 인생도 편안하게 염불하며 행복하게 지내세요"라는 멘트를 듣게 될 날이 올지도 모른다.

그나저나 큰일 났다. 괜히 이 글을 쓰고 나서 지금까지 맘 편히 들락거리던 일주문이 마음에 걸리게 생겼다. 어느 날 무심코 신도님과 함께 일주문을 지나는데, "삐리릭, 스님은 요즘 수행을 게을리하고 있습니다. 보살행 실천도 안 하신 지 꽤 되었군요. 초심으로 돌아가 더욱 열심히 정진하시기 바랍니다" 하고 일침을 놓으면 얼마나 곤란하겠는가. 그 소리를 듣고 "어? 우리 스님 거룩하게 보고 있었는데 그게 아니네요?" 하는 눈빛으로 바라보면 어떡하나? 낭패지 뭐. 다시, 정신 똑바로 차리고 살 수밖에 도리가 없지.

그런데 이런 측정기는 있는 게 좋을까, 없는 게 좋을까? 내일 포행하면서 일주문한테 한번 물어봐야겠다.

· 찻잔

차향을 머금은
찻잔

하루 일과 중에서 내가 가장 좋아하는 시간이 있다. 아침 공양 후 산책을 마치고 조용히 차 한잔하는 시간이다. 웬만큼 급한 일이 아니면 이 시간에 약속을 잡지 않는다. 이때만큼이라도 오롯이 혼자 있고 싶기 때문이다.

내가 사용하는 다구는 간단하다. 보이차를 마실 때 필요한 다탁은 옹기 가게에서 산 작은 단지 뚜껑이다. 다관 받침은 오래전 영월 동강에 갔다가 주워온 납작

한 돌이다. 그러고 보니 다관은 20년이 넘었다. 서울 '수도승首都僧' 시절 인사동 노점상에서 2만 원 주고 산 것이다. 그리고 찻잔, 이 찻잔은 사연이 많은 찻잔이다.

40년 전 겨울, 입춘을 며칠 앞두고 있었지만 지리산 계곡을 휘몰아치는 찬바람이 낡은 토굴 지붕을 들썩거려 잠을 이룰 수가 없었다. 희뿌옇게 동녘이 밝아왔다. 목이 칼칼해서 머리맡에 놓아둔 물 사발을 찾으니 꽁꽁 얼어 있었다. 토굴 아래에 있는 샘물을 뜨러 갈까 하다가 다시 이불을 뒤집어썼다. 며칠째 몸살 기운으로 오한이 들어 문밖으로 나가기가 망설여졌다.

이불 속에서 온갖 망상들이 떠올랐다. '날이 밝는 대로 읍내 약방이라도 갔다 올까?' '아냐, 이까짓 몸살 정도로 약방 갈 생각이었으면 애초에 여길 오지 말았어야지.' '그래도 더 심해지면 어떻게 하려고 그래?' '까짓, 죽기밖에 더하겠어?' 혼자 이런저런 생각들을 주거니 받거니 하다가 깜박 잠이 들었다.

"스님 계세요?" 잠결에 잘못 들었나 하고 있으니 다시 인기척 소리가 났다. "스님 안 계세요?" 언제 아팠냐는 듯 몸이 용수철 튀듯 일어났다. 이미 해가 중천에 떴는지 토굴 안이 환했다.

"누구세요?" 문이랄 것도 없는 토굴 문을 여니 웬 스님 한 분이 서 계셨다. 순간 내가 잘못 봤나 했다. 오대산에서 같이 행자 생활을 하고 계를 받은 도반 스님이었다. "아니, 스님이 어쩐 일이세요? 여긴 어떻게 알고 찾아오셨어요? 추운데 어서 안으로 들어오세요." 둘이 앉기에도 좁은 방 안에서 큰절로 인사를 나눴다. 스님은 내려놓은 걸망에서 쌀이며 반찬거리를 주섬주섬 내놓으셨다.

산 아랫마을까지 첫차를 타고 와 한참을 걸어온 스님은 공양 준비 안 하냐며 쌀 씻을 그릇을 찾았다. 석유풍로에 올려져 있는 냄비 뚜껑을 여니 몇 술 안 남은 밥이 꽁꽁 얼어 있었다. "스님, 내가 몸이 좀 안 좋아 그러니, 저 아래 샘물에 가서 쌀 좀 씻어다 주세요."
"허허, 이 스님 도대체 며칠을 굶은 거야? 알았어요. 내가 점심 준비할 텡께 스님은 좀 누워 쉬시오, 잉."

도반 스님이 공양을 준비하는 동안 나는 김치와 된장을 꺼냈다. 반찬이라곤 그게 다였다. 며칠 만에 김이 모락모락 나는 쌀밥을 먹었다. 입이 까끌까끌했지만 입맛은 살아 있어 꿀떡꿀떡 잘도 넘어갔다. 삭발도 안 하고 수염도 텁수룩한 내 모습을 기가 막힌 듯이 쳐다보면서 도반 스님은 공양도 하는 둥 마는 둥 했다.

"스님, 차나 한잔합시다." 공양도 제대로 하지 않은 스님이 개울에서 그릇을 씻어오며 말했다. "네, 그런데 차가 없는데요." "걱정 마쇼, 내가 다 가져왔응께." 스님은 걸망에서 끈으로 묶은 차 봉지와 찻잔 두 개를 꺼냈다.

다관이 없어 먹던 밥그릇에 차를 우렸다. 푸르스름한 찻물이 조금씩 우러났다. 스님이 다시 비닐봉지에서 무언가를 꺼내셨다. 이제 막 봉오리를 맺은 매화 송이였다. "올라오는데 매화가 막 피었기에 몇 송이 실례했어라." 밥그릇에서 우려진 차를 잔에 따랐다. 그리고 매화 송이를 몇 개 올려놓으셨다. 이런 모습은 처음 봤다. 속으로 '저 매화가 뜨겁지 않을까?' 하는 생각만 들었다.

잠시 후 놀라운 광경이 벌어졌다. 봉오리였던 매화 송이가 조금씩 벌어지더니 이내 활짝 피어나는 것이었다. 매화향이 좁은 토굴 안을 가득 채웠다.

"스님, 공부도 좋지만 몸도 좀 생각하면서 하시오, 잉." 스님이 차를 따르면서 이야기하셨다. 번지도 없는 이 첩첩산중 토굴을 물어물어 찾아와, 봄소식을 알려주는 스님의 그 말씀에 괜히 눈물이 핑 돌았다. 수행이란 내 의지만 갖고 되는 것이 아니었다. 아무리 애를 써도 그 공부를 점검해줄 스승이 곁에 없으면 이루기가 힘든 법이다.

어설픈 용맹심 하나로 토굴에 들어온 지도 어언 일 년. 공부는 책 속에만 있는 것이 아니었다. 출가 전부터 수행에 관심이 많았던 도반 스님은, 지금 나의 처지를 꿰뚫고 있었다. 하시는 말씀마다 지당했다. 수행 길에 만나는 스승과 도반은 선택이 아니라 필수였던 것이다.

겨울 해는 짧았다. 같이 있어봤자 잘 공간도 부족한 걸 눈치챈 스님이 산그늘이 마당으로 슬금슬금 발을 걸칠 때쯤, 약속이 있다는 핑계를 대며 산을 내려가셨다. 멀리 산모퉁이를 돌아가다가 한번 뒤돌아보시더니, 땅바닥에 큰절을 하고 이내 사라졌다. 난 마당 끝에 서서 망부석이라도 된 듯, 스님이 사라진 그곳을 한참 동안 바라보았다.

갑자기 오한이 들었다. 몸살 난 것을 깜박 잊고 찬 바람을 너무 쐰 것이다. 방으로 들어와 마시던 찻자리를 정리하는데, 좌복 밑에 봉투가 하나 있었다. 도반 스님이나 나나 스님이 된 지 겨우 일 년이 지났는데 무슨 돈이 있겠는가. 아마 행각 중에 받은 여비를 나한테 주고 가신 듯했다.

'그래, 이렇게 약값을 주고 가셨으니 내일은 읍내 약방에 가서 약이라도 지어 먹자. 빨리 건강을 회복해서 정진하는 것이 스님의 걱정을 덜어드리는 일 아니겠는가?'

스님은 가시면서 수행할 때 가끔 차나 한잔씩 하라며 내가 마시던 찻잔과 차 봉지를 두고 갔다. 울퉁불퉁 제멋대로 생긴 투박한 찻잔. 두 손으로 조용히 감싸 들고 바닥에 조금 남아 있는 식은 차를 마셨다.

아! 이 매화 향기. 정좌처다반향초靜坐處茶半香初. 도반은 떠났지만 그가 남기고 간 차향은 아직도 찻잔 속에 남아 있었다.

지금은 소식마저 끊긴 스님. 지리산 토굴에서 수행하며 꿈같이 행복했던 아름다운 시절은, 찻잔에 밴 차향처럼 늘 내 마음속에 살아 있다.

· 도반

도반은
수행의 전부다

 수행이라는 여정에서 스승과 도반은 공부의 전부다. 행자 시절 틈틈이 읽은 큰스님들의 수행담에 반해 머리 가득 환상으로 시작한 나의 지리산 토굴 생활은, 스승과 도반이 얼마나 중요한지 깨닫는 것으로 막을 내렸다.

 스승과 도반을 찾아 나선 끝에, 스님 가운데 제일 큰스님이라는 성철 스님이 계신 곳이자 대한민국에서 가장 큰 수행 도량이라는 해인사승가대학(강원講院)에 가기로 했다. 그곳에서 공부를 마치면 은사 스님이 버선발로 마중을 나올 정도라는 말을 듣고 망설임 없이 선택했다.

1988년 서울올림픽이 열리는 그해 이른 봄이었다. 나와 같이 해인사승가대학에 지원한 비슷한 또래의 스님들은 객실에 모여 지객 스님의 입학요강 말씀에 귀를 기울였다. 해인사 도량이 주는 장엄함과 선배 스님들의 카리스마에 다들 긴장된 표정이 역력했다.

그 시절 해인사승가대학 4학년, 즉 '경반' 스님들은 "경남도지사와도 바꾸지 않는다" 할 정도의 위엄과 권력(?)을 가지고 있다는 소문이 자자했다. 법당의 부처님과는 눈을 마주칠 수 있어도 경반 스님들과 눈을 마주친다는 것은 있을 수 없는 일이었다. 그 정도로 힘든 수행을 거쳐야만 비로소 그 자리에 오를 수 있다는 말이다.

지원 서류를 제출하고 마당에 나와 있는데, 동글동

글한 얼굴에 나보다 키가 조금 작은 앳된 스님이 말을 걸어왔다. "저는 현진이라고 합니다. 스님은 어디서 오셨어요?" "네, 전 동은입니다. 지리산 토굴에서 살다가 왔습니다." 아직 서로에겐 낯선 얼굴들이지만 비슷한 파장끼리는 통하는 것이 있나 보다. 서로 인사를 나누고 나서 다음 날 우리는 입학시험에 같이 합격했다. 현진 스님은 나보다 나이는 몇 살 어리지만, 계를 먼저 받아 좌차(앉거나 걷는 순서)는 위였기에 4년 동안 나의 왼쪽에서 공부하였다.

요즘에도 가끔 그때 이야기를 하며 웃는다. "이야~ 그때 동은 스님 대단했지요. 지리산 토굴에서 살다 왔다면서 맞지도 않은 긴 누비 두루마기로 마당을 쓸고 다니는데, 정말 볼만했다니까요." 지리산 토굴 시절, 다 찢어진 광목옷으로 겨울을 나고 있던 내게, 지나가던 객승이 입고 있던 누비 두루마기를 벗어주고 갔다. 그 옷이 너무 컸던지 옷자락이 땅에 질질 끌리는 것을 보고 현진 스님이 농담처럼 하신 말씀이다. "하하, 그래요? 난 스님을 보고 어디서 동자승이 왔나 했다니까요." 속가 집에서도 막내, 출가 문중에서도 막내, 우리 도반 가운데서도 나이가 막내인 현진 스님은 예나 지금이나 동안인 것은 사실이다.

그렇게 인연이 된 현진 스님은 해인사승가대학을 졸업하고 송광사 율원(율사律師를 양성하는 전문교육기관)까지 같이 졸업을 했다. 이어서 해인사 선방에서 첫 안거를 같이 난 후 동국대학교 대학원에서 불교미술까지 함께 공부했으니, 도반들 가운데서는 가장 오랫동안 같이 산 셈이다. 지금은 서로 바빠 가끔 시간이 나면 배낭 하나 메고 순례를 다니는 벗이 되었다.

또 한 스님이 있다. 나의 좌차는 7번, 그리고 오른쪽 바로 옆자리 8번은 일선 스님이시다. 성철 스님 손상좌로 우리 도반들 사이에서는 일찍이 도인으로 통했다.

어느 달빛 좋은 날, 홍제암 쪽으로 가는 오솔길 산책을 나섰다. 평소에도 별말씀 없이 공부만 열심히 하는 스님이셨는데, 그날은 서로 지나온 수행 이야기를 하게 되었다. 나는 지리산 토굴 시절 이야기와 함께 스승과 도반의 필요성을 느껴 이곳 해인사에 왔다고 했다. 나와 같은 해에 계를 받은 스님도 나처럼 일 년 늦게 이곳에 오셨다. 백련암 가풍은 계를 받으면 거의 선방에 가는 것으로 유명한데, 일선 스님도 예외는 아니라 쌍계사 선방에서 정진을 하셨다.

어느 삭발 목욕일, 스님이 근처 암자에서 수행하는 큰스님을 찾아뵙고 인사를 드리니 이런 말씀을 해주셨다고 한다.

"수좌, 내 평생 살면서 수행자로서 부끄럼 없이 정말 열심히 살아왔네. 그런데 나이가 들고 보니 중으로서 딱 하나 미련이 남는 것이 있어. 바로 '강원'을 안 간 일이야. 선방 정진이야 평생을 두고 하면 되지만, 강원에서 부처님 일대시교一代時敎를 공부하는 것은 때가 있다네. 그러하니 수좌도 더 늦기 전에 강원 이력을 마치고 다시 선방으로 가시게나."

강원 생활이 어찌 부처님 경전만 공부하는 곳이랴. 4년이란 기간 동안 백여 명이 모여 살며 서로 좌충우돌 탁마하고, 총림 산중의 기라성 같은 큰스님들의 가르침을 배우는 과정 그 자체가 더 큰 공부인 것이다. 노스님의 간곡한 그 한 말씀에 일선 스님은 다니던 선방을 그만두고 해인사로 오게 되었다고 한다.

일선 스님은 하루 일과가 철저했다. 거의 온종일 붙어 있다 보니 서로의 행동이나 습관을 자연스럽게 알게 되었다. 정해진 일과는 당연한 것이고 남들이 쉬는 시간에도 틈만 나면 법당에 가서《백팔대참회문》을 외우며 절을 하셨다. 바로 옆에 이런 도반이 있으니 자연히 본보기로 삼지 않을 수 없었다. 나에게는 도반이 아니라 살아 있는 선지식이었다.

어느 삭발 목욕일, 사중에 있는 목욕탕에 갔는데 신발장에 일선 스님의 까만 고무신이 놓여 있었다. 나도 모르게 한 생각이 일어나, 스님의 고무신을 깨끗이 씻어 말려놓았다. 그렇게 해서라도 스님의 수행을 본받고 싶었던 것이다. 스님은 강원을 졸업하고 최근 소임을 맡기 전까지 단 한 철도 쉬지 않고 본 결제(동안거·하안거)는 물론 산철 결제까지 하신 분이다. 몇 년 전 암 수술을 하셨을 때도 안거에 빠지지 않으셨다.

나의 해인사승가대학 생활은 순전히 두 훌륭한 도반 스님 덕분으로 졸업했다고 해도 과언이 아니다. 이제 현진 스님은 많은 책을 펴내 불교계 베스트셀러 작가로서 문서 포교에 앞장서고 있고, 일선 스님은 수좌들의 표상으로 지금까지 존경을 받고 있다. 이런 두 스님을 좌우로 모시고 공부한 나는 얼마나 큰 복으로 산 것인가.

부처님께서도 말씀하셨다.

"신실하고 지혜로우며 덕 있는 벗을 만나거든
그와 함께 즐겁고 깨어 있는 삶을 살아가라.
그와 함께 모든 위험으로부터 벗어나라."
"선지식과 착한 도반은 청정한 행을 닦는 데 있어
절반이 아니라 전부다."

이제 사십여 성상을 눈앞에 둔 나의 수행 여정은 도반들과 함께 늘 행복하였으며, 필경에는 도반들의 탁마와 스승의 깨우침으로 불도를 이루리라.

· 탑과 부도

수행자의
시작과 끝

 명산대찰에 가면 으레 그 도량에 걸맞은 탑이 있다. 그중 월정사 팔각구층석탑은 고려시대 유행한 팔각 다층탑 가운데 가장 아름다운 탑으로 가치를 인정받고 있다.

 내가 월정사로 출가했을 때, 마당 가운데에 아름답고 웅장하게 서 있던 탑을 잊지 못한다. 하늘을 찌를 듯이 높이 솟은 탑신, 바람이 불 때마다 팔각의 옥개석 끝에 매달려 짤랑대는 수많은 풍경 소리, 그리고 파릇

파릇 피어 있는 기단의 이끼들은 세월의 흔적을 고스란히 이야기해주고 있었다.

 탑 앞에는 무릎을 꿇고 부처님께 공양을 올리는 약왕보살 좌상이 있다. 오랜 세월 몸은 이끼로 뒤덮여 마치 다 해어진 누비를 입고 계신 듯했지만, 얼굴에는 곱디고운 석화石花가 피어 있었다. 도톰한 볼에 배어 있는 은은한 미소는 이제 막 출가한 청년의 들끓는 마음을 편안하게 맞아주었다. 나의 행자 시절은, 이 월정사 팔각구층석탑과 그 앞에 모셔진 약왕보살 좌상과 함께 시작되었다.

 새벽 도량석을 할 때는 탑 앞에서 시작해 온 도량을 돌았고, 저녁에도 탑 주위를 한 번 돌아본 다음 삼경 종을 치고 잠자리에 들었다. 한국전쟁 때 온 도량이 불타 없어졌지만, 이 탑만은 다행히 화마를 피해 오대성지를 지켜주는 버팀목이 되어주었다. 아마 월정사에 이 탑마저 소실되었다면, 부처님 진신사리를 산중에 모신 도량으로서 그 찬란한 역사는 퇴색되었을지도 모른다. 그 정도로 사찰에 있는 탑들은 산중의 중심이며 모든 것을 지켜보는 산 증인인 셈이다.

이 탑도 자세히 보면 옥개석 여기저기 금 가고 깨진 곳이 더러 있다. 천년의 세월 동안 도량의 흥망성쇠를 지켜보며 어찌 탑인들 상처가 없을 수 있겠는가. 책을 읽을 때 저자의 의도를 잘 이해하려면 글자를 떠나 행간을 볼 줄 알아야 한다. 사찰의 역사도 마찬가지다. 감정이입, 즉 나와 탑이 한마음이 되어 대화를 나눠보는 것이다. 눈을 지그시 감고 석공들의 망치 소리와 시주들의 소원을 들을 줄 알아야 한다. 탑 층층마다 서려 있는 그 세월의 흔적들을 볼 줄 알아야 한다. 다행히 그 비밀의 문으로 들어가는 코드를 알게 된다면 천년의 역사는 실타래 풀리듯 술술 흘러나올 것이다.

오대산 적멸보궁 뒤쪽에는 1미터도 채 안 되는 조그마한 탑이 하나 있다. 옥개석에는 마치 초가지붕에 하얀 눈이 내린 듯 이끼가 덮여 있다. 이 근처 어디쯤에 부처님의 사리를 모셔두었다는 증표로 만들어놓은 사리탑이다. 가끔 보궁을 참배하고 법당 뒤에 가서 이 사리탑을 보고 있으면, 마치 할 일을 다 마친 사람처럼 마음이 편안해진다.

세상의 사리탑 가운데 이렇게 작고 아름다운 탑이 또 있을까? 만약 부처님과 한 번쯤 이야기를 나누고 싶은 불자가 있다면, 오대산 적멸보궁에 가서 삼천 배를 해보라고 권하고 싶다. 절을 마치고 고요히 앉아 사리탑을 친견하고 있으면 아마 부처님의 '감로법문'을 가슴으로 들을 수 있을 것이다.

탑이란 무엇인가? 부처님을 대신하는 것이다. 탑은 곧 부처님이다. 탑 속에는 부처님의 사리나 경전을 봉안한다. 부처님 사리는 다비를 하고 난 후 타지 않고 남은 또 다른 부처님이다. 부처님의 온 생애가 사리라는 물질로 남아, 그분의 모습을 보고 싶어 하는 제자들

에게 형상을 대신하여 전해지고 있는 것이다. 또한 경전을 모시는 것은 그분의 가르침을 믿고 의지하며 실천하겠다는 맹세이기도 하다.

탑에는 불탑만 있는 것이 아니다. 민초들이 자갈밭을 일구다 나오는 돌멩이로 쌓은 돌탑도 있다. 목숨을 이어가기 위해 산비탈 언덕에 찰싹 들러붙어 끝도 없이 파내고 골라낸 돌 더미들, 그 서리서리 맺힌 한들이 사리가 되어 탑을 이룬다. 비바람 눈보라에 시달릴 대로 시달리며 견뎌낸 돌 더미는 한 많은 민초들의 '사리탑'이나 다름없다. 어느 절이나 도량 구석구석에 있는 크고 작은 돌탑들도 마찬가지다. 얼마나 많은 사람이 절을 오르내리면서 갖가지 바람들을 담아 하나하나 쌓았을까.

부도는 스님들의 무덤이다. 탑 속에 부처님 사리를 모신다면, 부도에는 스님들의 사리를 모신다. 부처님께서는 모든 것이 변하니 그 형상에 집착하지 말라고 하셨으나, 다만 중생들이 그 형상에서 벗어나지 못하고 탑도 만들고 부도도 모신다. 부처님과 그 가르침을 평생 행하신 스님들의 뜻을 두고두고 새기겠다는 결의의 표상이기 때문이다. 부도란 한 생에서 성불하지 못한 수행자가 남긴 아쉬움의 흔적이다. 그리고 후학들에게 열심히 정진하라는 경책의 상징물이기도 하다.

춘다cunda가 올린 생애 마지막 공양을 드시고 몸이 쇠약해진 부처님께서는, 사라수 아래에 이르러 아난에게 쉴 자리를 마련하라고 하셨다. 부처님께서 자리에 눕자 갑자기 사라수에서 꽃이 피어났는데, 이 광경을 보시고는 이곳에서 열반에 들겠다고 말씀하셨다. 그리고 슬피 우는 제자들에게 "형성된 모든 것은 소멸하기 마련이다. 게으르지 말고 정진하라"는 마지막 법문을 남기셨다. 만약 부처님께서 묘비명을 쓰셨다면 이 말을 쓰지 않았을까 싶다.

그대, 비 오는 날 오래된 산사의 석탑을 본 적이 있

는가? 사찰 한 귀퉁이에서 이름마저 희미해진 스님들의 부도를 가만히 만져본 적이 있는가? 꺼칠꺼칠한 화석처럼 굳은 돌에서, 파릇파릇 피어나는 수천수만 개 이끼의 그 환희로운 꿈틀거림을, 그 속삭임을……. 그 이끼 하나하나가 이야기해주는 전설을 들어보라. 탑은 아무 말 없이 그 자리에 서 있는 것이 아니다.

그대, 들리지 않는가? 바람 불면 딸랑거리는 풍경소리로 화현해서 쉼 없이 정진하라고 가르치는 부처님의 음성을……. 그대, 보이지 않는가? 비 오면 푸른 이끼로 화현해서 생명의 실상을 보여주고 있는 조사 선지식들의 모습을…….

탑과 부도는 수행자의 시작과 끝이다. 출가해서 탑 앞에서 계를 받고 스님이 되어, 입적하면 부도전에 자리 잡는 것으로 삶을 마무리 짓는다. 탑과 부도는 부처님과 그 가르침과 수행자가 시간과 공간의 한 점에서 만나는 흔적이며 숭고한 결정체다.

· 의자

참외와 호박한테도
의자를 내줘야지

누각이 시끌시끌하다. 내다보니 참배 온 분들이 누각 통나무 의자에 앉아 이야기꽃을 피우고 있다. 몇 해 전 설해목雪害木으로 쓰러진 아름드리 소나무를, 땔나무로 쓰기엔 아까워 적당한 크기로 잘라 누각에 의자용으로 가져다놓았다. 절에 와도 잠시 앉아 쉴 곳이 없어 이곳저곳을 기웃거리던 참배객들에겐 더없이 좋은 휴식처가 되었다. 제일 좋은 토막은 가운데 탁자로 하고, 중앙의 경치 좋은 자리에는 허리 받침대가 있는 의자까지 만들어놓고 나니 제법 그럴싸한 '야단법석野壇法席'이 되었다.

나는 평소 산책을 즐긴다. 선방 다닐 때도 그 도량의 산책로가 마음에 들어야 방부를 들이곤 했다. 방 안에서의 정진도 좋지만, 자연을 벗 삼아 조용히 걸으며 공부를 챙기는 행선行禪이 허리 아픈 나한테는 더 잘 맞기 때문이다.

점심 공양 후에는 온전히 혼자 거닐 수 있는 '동안動安 명상로'를 자주 찾는다. 산책로 중간쯤 명당자리에 의자가 있는데, 잠시 앉아 쉬며 음악을 듣기에도 그만이다. 이 오솔길에 멈추어 쉴 수 있는 의자가 없었다면, 나는 숲의 고요함과 아름다움을 더 깊이 음미할 수 없었을 것이다.

산책을 다녀오면 고요하게 좌정하고 혼자만의 차茶를 즐긴다. 그런데 나의 고질병인 허리와 무릎 때문에 바닥에 오래 앉아 있질 못한다. 어느 날, 아는 스님으로부터 아주 멋진 선물을 하나 받았다. 처음 보는 작은 기도 의자였다. 꿇어앉은 자세에서 그것을 엉덩이 밑에 받치고 앉으면 허리가 쭉 펴지면서 무릎에 무리도 안 가고 편한 것이 희한했다. 나에게 안성맞춤이었다. 처음에 누가 이것을 생각해냈는지는 모르지만 이렇게 잘 쓰고 있으니 고맙기 그지없다.

   병원에 갈 채비를 하며
   어머니께서
   한 소식 던지신다

   허리가 아프니까
   세상이 다 의자로 보여야
   꽃도 열매도, 그게 다
   의자에 앉아 있는 것이여

주말엔

아버지 산소 좀 다녀와라

그래도 큰애 네가

아버지한테는 좋은 의자 아녔냐

이따가 침 맞고 와서는

참외밭에 지푸라기도 깔고

호박에 띠리도 받쳐야겠다

그것들도 식군데 의자를 내줘야지

싸우지 말고 살아라

결혼하고 애 낳고 사는 게 별거냐

그늘 좋고 풍경 좋은 데다가

의자 몇 개 내놓는 거여

이정록 시인의 〈의자〉《의자》, 문학과지성사, 2006)

라는 시다. 참으로 따뜻한 시가 아닌가. 참외와 호박한테도 편히 자랄 수 있게 의자를 내어주어야 한다고 하니, 시인의 어머니는 보살의 마음과 진배없다. 이렇듯 존재하는 모든 것에는 자기 나름의 의자가 필요한 법이다.

학인 시절, 어느 큰스님을 찾아뵙고 공부 길을 여쭌 적이 있다. "큰스님, 어떻게 하면 중노릇을 잘할 수 있을까요?" 스님께서 바로 말씀해주셨다. "앉고 일어설 때를 잘 알아야 하느니라." 한마디로 시원하게 정리를 해주셨는데, 문제는 그 앉고 일어설 때를 어떻게 잘 아느냐 하는 것이다. 아쉬운 듯해서 조금 더 앉아 있다 보면 때를 놓치기가 일쑤고, 이때다 싶어 일어서면 아직 때가 아닐 때도 있다. 그 묘한 때를 맞춘다는 것이 보통 힘든 일이 아니다. 빠르지도 늦지도 않은 그 적절한 타이밍은 오로지 오랜 경험치에서 나온다.

마찬가지로 아무리 좋은 의자도 오래 쓰다 보면 낡

아서 바꾸어야 할 때가 온다. 바꾼다는 것은 새로운 것을 들여놓는 일이다. 하물며 그 목적이 무엇인가에게 자리를 내어줄 용도로 만들어진 의자야 말해 무엇하랴. 더러 의자가 예술품이나 의미 있는 목적으로 쓰이기도 하지만, 어쨌건 의자에는 사람이 앉아 있어야 제격이다. 그리고 이왕이면 그 의자에 앉아 있는 것이 내 맘도 편하고 남이 봐도 부담스럽지 않은 편안한 자리여야 한다. 즉 내 분수와 깜냥에 맞아야 하는 것이다.

우리는 살아가면서 인연에 따라 이런저런 의자(자리)에 앉게 된다. 어떤 의자에 앉든 주어진 직책에 감사해야 하고, 또한 그 의자에 앉아 있는 동안은 합당한 책임을 져야 한다. 그리고 다음 사람에게로 이어지는 것까지 염두에 두면서 살아야 한다. 그만큼 의자는 앉는 것도 중요하지만, 일어설 때도 중요하다.

이제 삐걱거리는 나의 낡은 의자 이야기다. 내 방은 사무실과 응접실, 침실을 겸용하고 있다. 업무를 보는 책상은 십여 년 전 재활용 쓰레기장에서 주워온 것이다. 의자는 우리 절 홍동식 선생님께서, 사용 연한이 다된 학교 의자를 교체하면서 하나 가져다주셨는데 바퀴가 달린 회전의자다. 요즘에야 회전의자가 흔하지만 예전엔 출세와 명예의 상징이었다. 출가할 때만 해도 내가 회전의자에 앉으리라곤 생각도 못 했는데, 살다 보니 이런 의자에도 앉아본다.

물론 스님 방에 이런 바퀴 달린 사무실 의자가 어울릴 리 없다. 세상이 아무리 바뀌어도 산사에는 색 바랜 낡은 책상과 그 앞에 가지런히 놓인 좌복이 제격이다. 그런데 이 몸이 허리와 무릎이 시원찮다 보니 어쩔 수 없이 방에 이런 의자를 들여놓게 되었다.

사람이 살아가는 데 의자는 반드시 필요하다. 사무용이 되었건 의료용이 되었건 이제 의자 없이는 일상생활을 할 수 없을 정도다. 문제는 이 의자에 앉는 사람이다. 의자를 바꾸어서 사람이 바뀐다면 언제든지 필요할 때 바꾸면 되겠지만, 그 의자를 사용하는 사람의 생각이 바뀌지 않는 한 백날 소용없다.

다시 한 번 내게 묻는다. 나는 과연 지금, 이 의자에 앉아 있을 자격이 되는가? 아무래도 함량 미달이다. 당장 의자에게 참회해야겠다. 움직일 때마다 삐걱거리는 너를 바꿀 것이 아니고, 가끔 균형이 흐트러져 흔들거리는 나의 마음자리부터 바꾸어야겠다고.

• 차안과 피안

여기 또는 거기

봄이 오는 듯하더니 꽃샘추위가 매섭다. 남도에는 이미 봄꽃이 만발해서 상춘객들로 야단이다. 아직 여기까지 올라오지 못한 봄을 마중하러 바람도 쐴 겸 길을 나서볼까 하다가 '에이, 거기가 거기지 뭐' 하는 마음으로 그만두었다. 그래도 아쉬운 마음이 들어 방문에 써 붙여둔 게송 한 자락으로 위안을 삼았다.

봄을 찾아 모름지기 동쪽을 향해 가지 마라

(심춘막수향동거尋春莫須向東去)

너의 집 서쪽 뜰에 이미 눈을 뚫고 매화가 피었다

(서원한매이파설西園寒梅已破雪)

　원효 스님이 의상 스님과 함께 중국으로 유학길에 나섰다. 가는 길에 날이 저물어 동굴 같은 데서 하루를 묵게 되었다. 밤중에 목이 말라 주변을 더듬거리니 마침 머리맡에 물바가지가 있었다. 잘되었다 싶어 물을 마시니 참으로 꿀맛이었다. 그런데 아침에 눈을 뜨고는 깜짝 놀랐다. 간밤에 그렇게 맛있던 물이 해골바가지에 담긴 썩은 물이었던 것이다. 원효 스님은 뱃속에 있는 모든 것을 토해냈다. 그리고 그 순간 깨달았다. 간밤에 마신 맛있는 물과 아침에 본 해골바가지의 썩은 물이 둘이 아니라는 것을…….

　마음이 일어나면 온갖 법이 생겨나고

(심생즉종종법생心生則種種法生)

마음이 멸하면 가지가지의 법도 소멸한다

(심멸즉감분불이心滅則龕墳不二)

삼계가 오직 마음이요, 만법이 오직 인식에 기초한다

(삼계유심만법유식三界唯心,萬法唯識)

마음 밖에 아무것도 없는데 따로 무엇을 구하겠는가

(심외무법호용별구心外無法胡用別求)

일체유심조一切唯心造, 즉 마음이 모든 것을 지어낸다는 것을 깨달은 것이다. 원효 스님은 가던 발걸음을 돌려 신라로 돌아왔다. 그리고 평생을 차안此岸에서 피안彼岸을 노래하며 '여기'와 '거기'가 둘이 아니고 마음먹기에 달렸다는 것을 설법하셨다.

'피안'은 저 언덕이라는 뜻이다. 저 언덕이란 이상을 이룬 땅, 완전한 소망이 이룩된 땅, 행복의 땅이다. 그에 비해 '차안'은 고통과 번뇌가 가득한 땅, 여기 곧 우리네 범부들이 사는 세간이다. '여기'에 사는 중생들은 늘 고된 삶을 부지하며, '거기'에 있다는 행복을 얻기 위해 죽을 때까지 애를 쓴다. 그러나 그렇게 애를 써도 결국에는 다 이루지 못하고 거기로 간다. 어찌 보면 우리네 인생 자체가 '여기'에서 '거기'로 지향하는 원願을 세우고 하나씩 이루어가는 과정이라고 할 수 있겠다.

삼계개고 아당안지三界皆苦 我當安之, 부처님의 탄생게誕生偈 가운데 한 구절이다. "삼계가 다 괴로움에 빠져 있으니, 내 마땅히 이를 편안케 하리라"는 말씀이다. 이는 부처님께서 깨달음을 이루고 난 후 신통으로 한 번에 일체중생을 괴로움으로부터 구제하겠다는 뜻이 아니다. 부처님의 생명도 유한한 것. 모든 부처님이 생녈을 거듭해도 결코 변하지 않는 진리를 설해, 괴로운 차안이 곧 피안인 것을 깨닫게 해주겠다고 선언하신 것이다.

행복은 누가 주는 것이 아니다. 그러나 우리는 늘 그것을 밖에서 찾는다. 내가 지금 발 딛고 있는 '여기 차안'은 '불행'이라는 이름을 지어놓고 투덜거리고, 결코 갈 수 없는 '거기 피안'은 '행복'이라는 이름을 붙여놓고 허공 속에서 손을 허우적거리고 있다. 부처님께서는 "행복도 내가 만드는 것이고 불행도 내가 만드는 것이다. 진실로 그 행복과 불행은 다른 사람이 만드는 것이 아니다"라고 가르치셨다. 한 생각 편안하면 극락이요, 한 생각 괴로우면 지옥이다. 관점을 어디에 두느냐에 따라 행복과 불행이 바뀌는 것이다.

대개 나는 여기 있고 너는 거기 있다. 인因은 여기에 있고, 과果는 거기에 있다. 내가 지은 인因은 여기 차안에 있고, 내가 지은 과果는 거기 피안에 있다. 한 치의 오차도 없다. 한 생 열심히 살다가 안타깝게 생을 마감하여 저세상으로 간 사람은, 숨 쉬고 살아 있는 이생이 피안이고 숨 떠난 그곳이 차안이다. 아파서 꼼짝

못 하고 숨만 쉬고 있는 사람에게는 고통스런 병실이 차안이고, 사지 멀쩡하게 걸어다니는 사람이 피안이다. 낮에는 무료급식소에서 끼니를 때우고 저녁에는 이슬 피할 곳 찾아다니는 사지 멀쩡한 노숙자에게는 찬 길바닥이 차안이요, 김이 모락모락 나는 밥 한 그릇과 따끈한 방이 피안이다. 따뜻한 방에서 취업 준비하는 실직자에게는 취직 빨리 안 하냐며 잔소리해대는 엄마가 차안이고, 매일 출퇴근하는 직장인이 피안이다.

매일 교통지옥에서 출퇴근하는 직장인은 상사의 눈치에서 벗어날 길 없는 회사가 차안이고, 아침에 느긋이 일어나 자기 맘대로 경영할 수 있는 자영업자가 피안이다. 남들 볼 때 속 편한 자영업자는 오늘 매출을 걱정해야 하는 가게가 차안이요, 출근해서 내 일만 하면 월급이 꼬박꼬박 나오는 직장인이 피안이다. 추운 데 살면서 난방비로 허덕이는 사람은 지긋지긋한 겨울이 차안이요, 불 안 때도 되는 열대지방 사람들이 피안이다. 뜨거운 태양으로 대지가 타들어가는 곳에 사는 사람들은 물이 귀해 흙탕물을 걸러 먹는 이곳이 차안이요, 언제든지 맑은 물이 넘쳐나는 설산 계곡이 피안이다.

이제 그만하자. 이러다가 끝이 없겠다. 대충 생각나는 대로만 써도 이 정도인데, 작정하고 쓴다면 이박 삼일은 걸릴 것 같다.

어느 선사가 봄을 찾아 산천을 헤매었지만 끝내 찾지 못하고 지친 몸으로 돌아오니, 집 마당에 이미 매화가 피어 있었다는 이야기가 있다.

"네가 바로 부처인데 왜 그것을 모르고 먼 곳을 찾아 헤매는가. 사랑도 행복도 너의 마음속에 있으니 먼 곳에서 찾지 마라."

깨닫고 보니 그렇게 찾아 헤매던 부처가, 그리고 매일 나와 같이 먹고 자고 고락을 같이하던 이 물건이 바로 내가 찾던 부처이고 물건이었던 셈이다.

몇 년 전 천은사에서 법고法鼓 불사 회향 기념으로 시계를 만들었다. 시계판 숫자를 대신해서 해인사 팔만대장경 법보전 주련에 쓰인 글귀를 인용하기로 했다. '원각도량하처 현금생사즉시圓覺道場何處 現今生死卽是'를 '행복세상어디 지금이곳여기'라는 우리말로 옮겨 썼다. 생사즉열반生死卽涅槃이요, 번뇌즉보리煩惱卽菩提다. 차안이 곧 피안이요, 여기가 바로 거기다. 차안과 피안이 따로 있는 것이 아니다. 알고 보면 '피차일반彼此一般'이다.

· 발

맨발과
양말

내겐 잊을 수 없는 양말 한 켤레가 있다. 햇수로는 거의 20년이 넘은 양말이다. 얼마나 질긴지 신어도 신어도 해지질 않아 버리길 포기하고 옷장 깊숙이 보관하고 있다.

지리산 토굴살이를 거쳐 해인사승가대학에 공부하러 갔을 때다. 하루는 다락에서 뒤꿈치가 구멍 난 양말을 꿰매고 있는데, 그걸 본 도반 스님이 나에게 한마디 던졌다. "스님, 요즘 누가 궁상맞게 양말을 꿰매 신습니까? 그냥 적당히 신다가 구멍이 나면 버려야지요."

당시 나로서는 뒤꿈치에 구멍이 났다는 이유로 양말을 버린다는 건 도저히 용납되지 않는 일이었다. 수행자라면 모름지기 해진 옷을 꿰매고 꿰매, 완전히 누더기가 될 때까지 입고 다녀야 진정한 수행자라는 생각을 갖고 있었기 때문이다. 내가 어렸을 때만 해도 호롱불 아래서 양말 꿰매는 어머니의 모습을 보는 것은 일상이었다. 온종일 농사일에 지친 몸을 이끌고, 밤에는 가족들의 해진 옷을 손질하다 꾸벅꾸벅 졸던 모습이 지금도 눈에 선하다.

양말을 꿰매 신다 보면 아무래도 발바닥이 고르지 않아 불편한 것이 사실이다. 예민한 사람은 신경이 쓰여 신기가 힘들지도 모른다. 그래서 나는 몇 번 꿰맨 양말 바닥이 울퉁불퉁해지면 발바닥 쪽을 발등으로 올라오게 해서 신는다. 그런 모습을 도반들이 보면

"스님, 그러다가 양말 장수 굶어 죽어요. 어지간히 하세요" 하며 눈치를 줬다. 그 무렵 다락에서 바느질하는 학인은 몇 되지 않았다. 스님들의 생필품 가운데 가장 흔한 것이 양말이다 보니 굳이 꿰매 신지 않아도 공양물이 자주 들어왔기 때문이다.

십여 년 전, 인도 불적지佛蹟地 순례를 간 적이 있다. 길에서 태어나 평생을 길 위에서 살다가 길에서 돌아가신, 부처님의 발자취를 현장에서 느껴보기 위해서다. 그리고 내 나름대로 작은 의식(?)도 준비했다. 닳고 닳아 더는 신기가 힘들어진 양말을 모두 모아 배낭에 넣었다. 어차피 순례길에서는 양말을 빨아 신기 힘드니, 신을 만큼 신고서 하나씩 버릴 요량이었다. 한 켤레로 보통 사오일 신다가 오래된 벗을 보내듯이 작별 인사를 하고 성지 귀퉁이에 곱게 접어두고 나왔다.

순례를 마칠 즈음 양말 하나가 남았다. 이 양말은 해인사 학인 시절부터 지겹도록 신던, 약간 쪽빛이 감

도는 양말이었다. 이번에야말로 너를 닳고 닳을 때까지 신고 버리고야 말리라, 하는 심정으로 그 양말을 신고 다녔다. 그런데 얼마나 질긴지 도대체 해질 생각을 하지 않고, 먼지투성이가 된 양말은 툭툭 털기만 해도 언제 그랬냐는 듯이 다시 신을 만해졌다. 귀국하는 짐을 꾸리면서 결국 그 양말은 다시 가져오고 말았다. 그리고 깨끗이 빨아 옷장 서랍 깊숙이 넣어두었다.

'그래, 네가 그렇게 나와 이별하기 싫다면 평생 같이 살자꾸나. 온 마음이 열정으로 가득했던 해인사 학인 시절과, 눈물과 땀방울로 범벅이 되던 무문관 선방 좌복 위에서도 묵묵히 나를 지켜본 너. 그리고 몸과 마음이 지칠 대로 지쳐 배낭 하나 메고 불적지 순례를 할 때 인도의 그 뙤약볕을 견디게 해준 고마운 네가 아니더냐. 내가 사바세계를 떠날 때 너를 신고 가마. 그래, 같이 살다 같이 죽자.'

오래전 선방 다닐 때, 안거를 마치면 도반 현진 스

님이 계시는 청주 관음사를 자주 찾았다. 그땐 도반의 사형 스님이 주지를 하고 계셨는데, 스님께서는 열이 많으셨는지 평소에도 양말을 잘 신지 않고 맨발로 다니셨다. 심지어 법당에 예불하고 법문하는 자리에도 맨발로 오셨으니, 노보살님들이 참고 참다가 한말씀 하셨다.

"스님, 아무리 그래도 법당에 올 때는 양말을 좀 신고 오시면 안 될까요?" 그러자 주지 스님 왈, "보살님들, 난 부처님처럼 하고 살 뿐입니다. 부처님 보세요. 양말을 신고 계신지." 늘 예사로 보던 부처님을 자세히 살핀 보살님들이 진짜로 부처님이 맨발로 앉아 계신 걸 보고 할 말을 잃었다. 몸에 열이 많아 어쩔 수 없이 양말을 신지 못하는 것을 재치 있게 넘기신 것이다.

그러고 보면 불상이나 탱화, 모든 부처님의 발은 맨발이다. 인도야 더운 나라니까 양말이 굳이 필요 없겠지만, 부처님께서 열반에 든 후 관 밖으로 내민 두

발이 맨발인 것을 보면 왠지 가슴이 아프다. 철저하게 무소유로 살다 가신 수행자의 단면을 보여주시는 것 같아 더욱 그런 마음이 드는 것이리라.

미얀마 마하시 수도원에 잠시 있을 때다. 그곳 스님들과 같이 탁발을 나갔다. 남방가사를 수垂한 후 발우를 들고 맨발로 시내 여기저기를 다니는데, 도로에 있는 돌멩이며 가시들이 발을 찔렀다. 시장을 돌 때는 진흙탕에 빠지기도 했다. 나는 그 순간 부처님 당시의 모습이 떠올랐다. 부처님은 평생 늙은 낙타의 발처럼 마르고 거칠어진 맨발로, 수만 리의 거친 대지와 갠지스강의 뜨거운 모래밭을 걸으셨다. 발에 얼마나 많은 상처가 났을까. 오로지 중생의 아픔을 어루만지고, 생사의 고통에서 벗어나는 방법을 가르쳐주기 위해 부처님은 기꺼이 헌신적인 삶을 사신 것이다.

사람은 저마다 체질이 다르다. 해인사 선방에 있을 때 한 스님도 발에 열이 많아 겨울에 맨발로 사셨다. 심

지어 영하 20도의 칼바람 추위에도 맨발로 눈 덮인 가야산을 오르내리곤 하셨다. 동상에 걸리면 어쩌나 하고 걱정을 했지만, 건강에는 아무런 문제가 없으시단다. 나같이 몸이 찬 사람은 상상도 할 수 없는 일이다.

사람의 몸 가장 낮은 곳에서 온몸을 지탱하며 대지와 교감을 나누는 발. 그리고 온갖 냄새까지도 참고 견디며 발을 보호해주는 양말. 이들이야말로 우리 몸의 '보살'이 아닌가 싶다.

가끔 옷장을 정리하다가, 마치 폐관수행(외부와 모든 연락을 끊고 특정한 곳에 머물며 하는 수행)이라도 하듯 그곳에서 깊은 삼매에 들어 있는 탈색된 푸르스름한 양말을 본다. 인도 순례에서 살아남은 양말이다. 그 양말만 보면 나도 모르게, 알 수 없는 보리심이 가슴 저 밑에서부터 솟아오름을 느낀다.

수행 도반이자 순례 도반인 쪽빛 양말이여, 너는 나의 초심의 상징이며 청빈을 경책하는 선지식이다.

· 나무

나무木와
나무南無

"대왕이시여, 제가 이제 아기를 낳을 때가 되었습니다. 친정인 데바다하(천비성)로 가서 아기를 낳고자 합니다."

천지에 봄꽃이 만발한 어느 날, 마야왕비가 정반왕(석가모니 부처님의 아버지)께 이야기했다. 정반왕은 기뻐하며 마야왕비의 출궁을 허락하였다. 카필라성을 떠나 중간쯤에 이르니 마야왕비 어머니의 이름을 딴 '룸비니' 동산이 나왔다. 왕비는 무우수 나무로 우거진

동산의 아름다운 모습에 이끌려 가마를 숲속으로 옮기게 하였다.

마야왕비가 숲으로 들어오자 나무들이 일제히 꽃으로 장엄莊嚴을 하였으며, 새들도 천상의 소리로 지저귀면서 날아다녔다. 동산은 마치 도리천에 있는 환희의 동산인 '난다나'같이 아름답기 그지없었다.

왕비는 가마에서 내려, 많은 나무 중에서도 가장 아름다운 무우수 나무 아래에 이르렀다. 왕비가 꽃이 활짝 핀 가지를 잡으려고 팔을 뻗어 올리자, 꽃가지가 스스로 내려와 왕비의 손 가까이에 닿았다. 그러자 곧 산기産氣가 일어났다. 이윽고 왕비는 그 꽃가지를 잡고 선 채로 오른쪽 옆구리로 아기를 낳았다. 부처님이 태어날 때 옆에 있던 이 나무가 바로 무우수無憂樹, '근심이 없는 나무'다.

"시이 사바세계 남섬부주 동양 대한민국……"

스님들이 매일 사시불공을 드리고 읽는 축원문의 한 구절이다. 남섬부주南瞻部洲는 본래 수미산의 남쪽 염부수 숲이 있는 인도를 가리키는 말이지만, 인간 세계를 의미하는 말로 개념이 확장되었다.

화창한 봄날 싯다르타 태자는 아버지 정반왕과 함께 농경제에 참석했다. 농부들이 힘차게 땅을 갈자 숨어 있던 벌레들이 꿈틀거리며 기어 나왔다. 그때 마치 기다렸다는 듯이 어디선가 날아온 새 한 마리가 벌레를 낚아채 갔다. 그런데 벌레를 낚아챈 새를 다시 독수리가 잡아가는 것이 아닌가? 생명의 시작을 알리는 환희에 찬 봄날에 태자는 약육강식의 현장을 목격했다.

충격에 빠진 태자는 숲속으로 들어가 깊은 사색에 잠겼다. 축제에 정신이 팔린 대중은 태자가 없어진 것을 알고 온 숲을 찾아 나섰다. 저 멀리 태자가 나무 아래 앉아 사색에 잠긴 모습이 보였다. 그런데 신기하게도 그 주변의 나무들은 모두 해를 따라 그늘을 옮기는

데, 태자가 앉아 있는 나무는 그늘을 옮기지 않고 계속 태자에게 시원한 그늘을 만들어주고 있었다. 이 모습을 본 정반왕은 자기도 모르게 아들 싯다르타 태자에게 허리를 숙여 예를 올렸다. 이때 싯다르타 태자의 명상을 도와준 나무가 염부수閻浮樹이고, 이를 일러 '염부수 아래의 정관靜觀'이라고 한다.

"내가 이제 생사의 문제를 해결하기 위하여 출가를 하나니, 이 문제를 해결하기 전에는 다시 이 문을 들어오지 않으리라. 내가 출가사문出家沙門이 되는 것은 세속을 떠나기 위해서가 아니라, 지혜와 자비의 길을 찾기 위함이라."

세속의 어떠한 환락도 결코 생사윤회의 굴레에서 벗어날 수 없음을 절감한 싯다르타는 대를 이을 수 있는 라훌라가 태어나자 드디어 출가를 한다.

"보전에 주인공이 꿈만 꾸더니 무명초 몇 해를 무성했던고. 금강보검 번쩍 깎아버리니 무한광명이 대

천세계 밝게 비추네."

　게송을 읊은 후 스스로 삭발한 태자는, 같은 날 태어나 친구처럼 지낸 마부 '찬나Channa'와 애마 '깐타까Kantaka'를 성으로 돌려보냈다. 그리고 지나가는 거지와 옷을 바꿔 입고 수행의 길을 나섰다.

　스승을 찾아다니며 설산에서 뼈를 깎는 고행을 한 지 어언 6년. 궁극적인 깨달음에 이르기에 부족함을 느낀 싯다르타는, 고행을 그만두기로 결심하고 강물에 지친 몸을 씻었다. 마침 그곳을 지나가던 마을 소녀 수자타가 우유죽을 주었다. 기력을 회복한 싯다르타는 자리가 반듯하고 전망이 탁 트인 곳의 우람한 나무를 찾아 그 아래 길상초를 깔고 앉았다. 그리고 깨달음을 얻기 전에는 결코 이 자리에서 일어나지 않으리라는 결심을 하고 깊은 삼매에 들어갔다. 마침내 납월臘月(12월) 팔일, 완전한 깨달음인 '아뇩다라삼먁삼보리阿耨多羅三藐三菩提'를 얻어 '붓다'가 되니, 태자가 앉았던 나무는 '깨달음을 얻은 나무', 즉 '보리수菩提樹'라는 이름을 얻게 되었다.

"자, 아난이여, 이 두 그루 사라나무 사이에 머리가 북쪽으로 되도록 자리를 준비하여라. 나는 이제 피곤해서 누워 쉬고 싶구나."

아난이 자리를 펴자 부처님은 머리를 북쪽에 두고 얼굴은 서쪽으로, 오른쪽 옆구리를 자리에 붙인 채 두 발을 포개어 옆으로 누웠다. 그러자 사라나무가 갑자기 꽃을 피웠다. 부처님께서 열반에 드니 주변에 있던 나무들이 슬픔에 학처럼 하얗게 변했다고 전해지며, 지금도 정근 기도할 때 "나무 영산불멸 학수쌍존 시아본사 석가모니불"을 독송하기도 한다. 그리고 붓다의 열반을 지켜본 이 나무는 '사라쌍수沙羅雙樹'라고 하며, 인도에서 신성시되는 나무가 되었다.

부처님의 생애를 보면 중요한 사건들에 나무가 등장한다. 태어날 때는 무우수의 도움을 받았고, 농경제에 참석 후 숲속에서 명상을 할 때는 염부수 아래였다. 6년간의 고행 후 깨달음을 얻었을 때는 보리수 아래였고, 지친 몸을 이끌고 열반에 드실 때도 사라쌍수 아래였다. 초기 불교 조각에는 부처님이 있을 자리에 보리수를 표현하여 부처님을 상징하기도 했다.

부처님은 곧 존경과 귀의를 나타낸다. 귀의란 뜻의 범어는 '나모Namo'다. 그 나모가 음사되면서 '남무南無'가 되었고, 이후 'ㅁ'이 탈락되면서 '나무'가 되었다. 나무아미타불, 나무관세음보살 등에 쓰이는 '나무'가 바로 그 나무다.

옛날에는 절을 창건할 때 반드시 은행나무를 심었다. 훗날 불상을 조각할 때 그 은행나무로 조성하기 위해서다. 우리나라 목불상은 거의 은행나무다. 그러니까 나무 속에 이미 부처님이 자리 잡고 있는 것이다. 우연인지 나무木와 나무南無는 글자가 같다.

어쩌면 우리 선조들은 나무에서 이미 부처의 성품

을 보고, 귀의하는 의미에서 '나무南無'로 부르지 않았을까 하는 행복한 상상을 해본다. 그러니까 나무木는 곧 나무南無인 것이다.

· 와불

인간적인,
너무나 인간적인

해인사승가대학을 졸업하고 첫 해외 성지순례지로 미얀마를 갔다. 도반 스님들과 함께 어머니들을 모시고 갔으니 효도 순례인 셈이다. 아들을 출가시킨 어머니들과 출가사문이 된 아들들이 한자리에 모여 10여 일 정도 순례를 다녔다. 지금 생각해도 두고두고 기억에 남는 행복한 순례였다.

여러 성지들 가운데 유독 양곤에 있는 '차욱타지 와불상'이 기억에 남는다. 크기도 대단했지만, 사진으로만 봐온 와불상을 실제로 본 건 처음이었다. 그때까지만 해도 누워 있는 부처님은 모두 열반에 드신 모습인 줄 알았다. 그런데 팔을 괴고 눈을 뜨고 있으면 쉬고 있는 모습이고, 눈을 감고 팔을 베고 있으면 열반하신 모습이라고 했다.

이 와불상은 휴식불이었다. 얼굴에는 아름답게 화장도 하고, 손톱에는 분홍빛 매니큐어도 발라져 있었다. 눈과 입가에 은은하게 미소를 띠며, 마치 참배하는 불자들에게 너도 옆에 누워 쉬어가라고 하시는 것만 같았다. 미얀마 사원은 불자들의 기도처이자 휴식처다. 청춘 남녀가 데이트도 하고, 어르신들과 아이들은 법당 한쪽에서 편안하게 누워 잠을 자기도 한다.

오래전 인도 순례길에서 쿠시나가라 열반당에 모셔진 와불을 친견했다. 정성껏 백팔배를 하고 조용히 앉아 부처님의 열반 장면을 떠올렸다. 45년 동안 중생을 위해 설법하시다가 쇠약해진 몸으로 "아난아, 나는 이제 좀 쉬고 싶구나. 사라수 아래에 자리를 깔아다오" 하고 누워 다시 일어나지 못한 붓다의 마지막 모습. 이 얼마나 가슴 찡한 인간적인 모습인가. 마치 나도 그 자리에 제자들과 함께 있는 듯하여 하염없이 눈물이 흘렀다. 나는 '가장 인간적인 삶이 가장 수행자적인 삶'이라고 생각한다. 기쁘면 웃고 슬프면 울 줄 아는, 시대의 변화에 따라서 중생들과 마음을 같이 나눌 줄 아는 그런 수행자가 진정한 수행자라고 생각한다.

부처님 역시 모습이 다양하다. 보통은 대웅전에 앉아 계시는데, 미륵반가사유상처럼 의자에 앉아 계신 부처님도 있다. 산 중턱 커다란 바위에 서서 멀리 중생들을 굽어보며 모든 소원 다 들어주겠다는 수인手印을 한 아미타부처님도 계신다. 또한 힘들면 누워 쉬기도 한다는 것을 보여주는 휴식불이 있고, 평생을 맨발로 걸어다니시며 지친 몸으로 마침내 쿠시나가라 사라수 아래 누워 열반에 드신 열반상 부처님도 있다.

화순 운주사에 가면 편안하게 누워 하늘을 보고 계시는 부처님이 있다. 흔히 우리가 와불이라고 하는 부처님은 팔을 베고 오른쪽으로 누운 모습이다. 그런데 운주사의 와불은 아예 잠자는 듯한 모습으로 편안하게 누워 계신다. 중생을 제도하다가 힘이 들어 잠시 누워 쉬고 계시는지, 아니면 할 일을 다 마친 뒤 편안하게 누워 열반에 드셨는지 알 수는 없다.

그런데 누워 있는 것도 보통 일은 아니다. 아무 일도 안 하고 몇백 년 동안 누워 있어 보라. 얼마나 답답하고 허리가 아프겠는가. 어쩌면 운주사 와불은 병상에서 일어나지 못하고 평생을 누워 지내야 하는 중생들의 고통을 동사섭同事攝하기 위해 누워 계시는지도 모른다. 나도 이렇게 누워 있으니 너희도 용기를 잃지 말라며 격려해주시는 것이다.

부처님이라고 해서 맨날 앉아 있고 서 있는 것만은 아니다. 피곤하고 지치면 누워서 쉬기도 하고, 잠이 오면 잠도 자야 한다. 부처님은 신이 아니다. 우리처럼 인간 몸을 받아 이 사바세계에 오셨다가, 고행 끝에 깨달음을 이루셨다. 제자들이 탁발해주는 밥을 받아 드셔도 될 텐데 매일 직접 탁발해서 공양을 드셨다. 그리고 발우를 씻어 설거지하고 법을 설하셨다.

평생을 맨발로 다니다가 돌아가실 때는 보통 인간처럼 배탈이 나서 고생하시다가 돌아가셨다. 만약 부처님께서 돌아가실 때 공중으로 날아 올라가셨다면 어땠을까? 부처님의 근본 가르침인 '제행무상 시생멸법諸行無常 是生滅法', 즉 '꽃은 피고 지고 사람은 나면 이윽고 죽는다. 이것은 살아 있는 모든 것들의 피할 수 없는 운명이다'라는 명제에 부합하지 않았을 것이다.

이 세상 어디에도 없는 오직 단 하나, 운주사에서 하늘을 보고 누워 계신 부처님은, 인간으로 태어나 인간으로서 감내해야 할 고락을 다 겪으시고, 삶 가운데서 어떻게 하면 행복하게 살 수 있는지를 마지막 순간까지 가르치다가 인간처럼 누워서 돌아가신 가장 인간적인 부처님이다. 해탈하러 가는 길, 조금은 힘이 드셨을까? 아니면 모든 일을 마치신 뒤 편안하게 누우셨을까? 가는 길이 힘들어 잠시 앉아 졸다 넘어졌는데, 넘어진 김에 쉬어 간다고 길게 누워 계신 모습이 중생들의 눈에는 너무 오랜 시간으로 보이는 건 아닐까? 운주사 와불은 이처럼 독창적이고 개방적이면서 지역 민중들과 살아 숨 쉬는 신앙의 탁월한 보편적 가치를 지니고 있다. 할아버지 같은 푸근한 부처님, 아버지 어머니 같은 다정한 부처님, 가족 같은 친근한 부처님이다.

나도 운주사 와불 곁에 누워 슬그머니 부처님 손을 잡아드리고 싶다. 그리고 부처님과 한숨 깊이 자고 싶다. 혹시 꿈속에서 부처님을 만나면 이렇게 얘기해드리고 싶다.

"부처님, 허리 안 아프세요? 이제 그만 일어나시지요. 요즘 사바세계에 골치 아픈 일거리들이 많이 생겼

답니다. 불자들의 신심도 많이 떨어졌고요. 서울 한복판 조계사에서 시원하게 특별법회 한번 하고 오시지요. 그동안 차디찬 흙바닥에 누워 계셔 허리도 편치 않으실 텐데, 다녀오시는 동안 제가 자리 잘 정리해서 푹신한 요 깔아놓겠습니다."

세상일은 알 수 없는 일. 단꿈을 꾸고 아침이 되었는데 "내가 너무 오래 누워 있었나? 이제 한번 일어나 볼까?" 하시면서 정말 흙을 툭툭 털며 부처님이 일어나실지도 모른다. 그리고 삶의 고뇌에 힘겨워하는 중생들의 손을 일일이 잡아주시며 "힘내시게, 암만 살기가 힘들어도 살다 보면 그래도 살아볼 만한 세상이라네. 난 몇백 년을 누워 있다가도 이렇게 일어나질 않았는가?" 하시며 등을 토닥거려주실 것만 같다.

아직 산벚꽃 드문드문 남아 있는 아름다운 봄날 아침, 너무나 인간적인 부처님을 뵙는, 깨고 싶지 않은 긴 꿈을 꾼 듯하다.

· 선재동자

어린왕자와
지구별 친구

사바세계 동쪽, 해 뜨는 곳 오대산에는 '깨달음학교'가 있다. 문수보살이 교장으로 계시는 이 학교에는 오백 명의 동자들이 깨달음을 얻기 위해 저마다 열심히 수행 정진했다. 그 가운데 유난히 눈에 띄는 '선재善財'라는 동자가 있었다. 부유한 장자의 집에서 태어난 선재는 일찍이 모든 불보살님을 공양하고 선지식들과 친근하게 지내는 훌륭한 구도자였다.

어느 날 문수보살이 선재의 선근善根을 알아보고

말씀하셨다. "그대를 위해 미묘한 가르침을 설하리라. 선지식을 구하여 친근히 하고 공양을 올리며 보살의 행이란 무엇인가를 배우도록 하라"고 일러주셨다. 선재동자는 뛸 듯이 기뻐하며 선지식을 찾아 보살도를 완성하겠다고 다짐하였다.

선재동자는 오랜 시간 동안 수많은 선지식을 찾아다니며 가르침을 받았다. 그리고 어느덧 공부의 완성 단계에 이르렀다. 그런데 쉰두 번째 찾아간 선지식 미륵보살님께서 "그대의 스승은 처음 공부 길을 알려주신 문수보살이니라" 하고 일러주시며 다시 찾아가보라고 말씀하셨다.

스님들이 자주 쓰는 표현 가운데 "선재善哉 선재라" 하며 칭찬해주는 말이 있다. "착하고 착하도다"라는 말이다. 물론 선재동자의 이름과 한자는 다르지만, 선재동자의 물러남이 없는 구도 열정에 불보살님들이 감탄과 격려를 아끼지 않으셨으니, 결국 그 말이 그 말인 셈이다.

다시 '깨달음학교'로 돌아온 선재에게 문수보살은 선재의 머리를 쓰다듬으며 "만약 그대 믿음의 뿌리가 약했더라면 마음이 나약하여 이 같은 공덕을 닦는 행을 성취하지 못했을 것이다"라고 말씀하셨다. 그리고 그 믿는 마음이 없으면 근심에 빠져 정진할 마음이 사라지고 보살행을 실천할 수 없으며 부처님의 진리도 깨달을 수 없다고 설명하셨다. 이 가르침을 받은 선재동자는 마지막 쉰세 번째 선지식인 보현보살을 친견하고 마침내 깨달음을 얻었다.

어느 봄날, 긴 스카프를 한 노랑머리의 꼬마가 '깨달음학교'에 왔다. 모두들 처음 보는 모습에 신기해하며 떠들썩했다. 선재동자가 먼저 다가가 말을 걸었다.

"난 선재라고 해. 넌 어디서 왔니?"

"응, 나는 소행성 B612라는 곳에서 온 어린왕자야. 친구를 찾아서 여행 중인데 일곱 번째 별이 지구별이야. 사막에서 여우를 만났는데 오대산에 가면 너를 만날 수 있다고 해서 왔어."

"그래? 잘 왔어. 여긴 친구도 많이 있고 훌륭한 선생님도 많이 계셔. 나하고 같이 공부하자."

"하하, 그래. 고마워."

선재와 어린왕자는 금세 친구가 되었다.

학교에 입학하려면 교장 선생님의 허락을 받아야 하기에 선재동자는 어린왕자를 데리고 문수보살님께 갔다.

"문수보살님, 우리 학교에 새로운 학생이 왔어요."

그런데 어린왕자는 문수보살님께 인사도 드리지 않고 다짜고짜 그림 한 장을 내밀었다.

"문수보살님은 이 그림이 뭔지 알아?"

종이에는 이상한 모자가 그려져 있었다. 문수보살님은 빙그레 웃으시며 말했다.

"오, 보아뱀이 코끼리를 삼켜 소화시키는 그림이

구나."

어린왕자는 깜짝 놀랐다. 지금까지 많은 사람한테 이 그림을 보여줬지만 모두 모자라고 할 뿐 그 속에 코끼리가 있다는 것은 아무도 알아맞히지 못했기 때문이다.

"거봐, 우리 문수보살님은 대단하시다니까."

선재동자가 어깨를 으쓱하며 어린왕자에게 말했다. 문수보살님이 어린왕자의 스카프를 잘 매어주면서, "그래, 어린왕자는 지구별에 와서 무엇을 배웠니?" 하고 물으셨다.

"응, 사막에서 여우를 만났어. 그런데 중요한 것은 눈에 보이지 않기 때문에 잘 보려면 마음으로 보아야 한다고 했어. 그리고 세상에서 가장 어려운 일은 사람이 사람의 마음을 얻는 일이고, 내가 길들인 것에 대해서는 언제까지나 책임을 져야 한다고 배웠어."

"음, 그렇지. 아주 좋은 것을 배웠구나. 여기 선재동자도 많은 선생님을 찾아다니면서 마음으로 보는 공부를 배웠단다. 둘이 좋은 친구가 되겠구나."

문수보살님은 선재동자와 어린왕자의 손을 꼭 잡아주시면서 수행 길의 좋은 도반이 되라고 말씀하셨다.

"우리 산책할까? 아주 멋진 길이 있어."

선재동자가 어린왕자의 손을 잡으며 말했다.

"그래, 내 별에는 산책로가 없어."

어린왕자는 조금 슬픈 듯이 이야기했다. 학교를 나서며 조금 걸어 올라가자 계곡 입구에 '선재길'이라는 팻말이 보였다. 어린왕자가 말했다.

"선재야, 저기 네 이름의 길이 있어."

"하하, 그래. 여기 스님들이 멋진 산책로를 만들어주고 내 이름을 붙여주셨어. 이젠 아주 유명해져서 사람들이 많이 와."

"이야, 선재 너는 좋겠다."

어린왕자가 부러워하자 "내가 주지 스님께 이야기해서 '어린왕자길'도 하나 만들어달라고 할까? 아마 내가 말씀드리면 네 길도 하나 만들어주실 거야" 하고 선재가 이야기했다.

"아냐, 이젠 선재하고 친구가 되었으니 이 길도 나의 길이나 마찬가지야. 난 그동안 엄마 아빠도 없이 밤하늘을 친구 삼아 홀로 지내야 했어. 근데 이제 지구별에 친구가 생겨서 난 너무 좋아. 그리고 이곳도 맘에 들어."

봄이 한창인 오대산은 온통 찬란한 새싹들로 뒤덮여 있고, 간간이 흩날리는 산벚꽃 잎이 선재와 어린왕자의 어깨 위로 떨어졌다. 아름답게 장엄莊嚴한 모습이 한 편의 그림 같았다.

"이제 내 별로 돌아가야 할 시간이야. 장미꽃에 물도 줘야 하고 분화구 청소도 해야 돼."

갑자기 어린왕자가 말했다.

"나도 네 별에 가면 안 돼?"

"선재야, 나도 너와 같이 가고 싶지만 내 별은 너무 작아서 둘이 살 수가 없어. 내년 산벚꽃이 활짝 필 때 내가 올게."

어린왕자는 바람에 흩날리는 스카프를 다시 한 번 목에 감으며 말했다. 그때 갑자기 꽃비가 내리더니 어린왕자 뒤로 무지개가 하늘로 솟았다. 문수보살님이 어린왕자를 위해 신통을 부린 듯했다. 어린왕자는 무지개를 타고 서서히 자기 별로 돌아갔다. 선재동자는 어린왕자가 보이지 않을 때까지 손을 흔들었다.

그대, 아직도 가슴속에 어린왕자를 품고 있는가? 꽃비 내리는 봄날, 오대산 선재길을 걸어보라. 운 좋으면 어린왕자와 선재동자가 섶다리에서 놀고 있는 모습을 볼 수 있을 것이다.

그물에 걸리지 않는 바람처럼

· 바람

그해 겨울, 생의 막다른 골목에서 방황하던 나는 지친 몸을 이끌고 이름 모를 암자에 들었다. 주인은 어딜 갔는지 없고 흙으로 지은 낡은 암자에는 어둠만큼이나 깊은 적막감이 돌았다. 이것저것 따질 처지가 아니었던 나는 무작정 방에 들어가 통나무처럼 쓰러져 잠을 잤다.

얼마쯤 잤을까. 밝아오는 여명에 정신을 차리며 주변을 둘러보았다. 그야말로 이슬이나 피할 정도의 토굴 수행처였다. 정신이 조금씩 들면서 벽 한쪽에 붙어 있는 하얀 종이에 시선이 쏠렸다. 가까이 다가서서 써 놓은 글씨를 천천히 한 자 한 자 읽어나갔다.

소리에 놀라지 않는 사자처럼
진흙에 물들지 않는 연꽃처럼
그물에 걸리지 않는 바람처럼
무소의 뿔처럼 혼자서 가라.

"그물에 걸리지 않는 바람처럼, 그물에 걸리지 않는 바람처럼……."

이 대목에서 갑자기 목이 메어 뒤통수를 한 대 얻어맞은 듯 정신이 멍해졌다. 출가 전 교회를 다니던 나는 불교가 뭔지도 몰랐고, 알고 싶지도 않았다. 그러던 어느 날, 내 삶을 뒤흔든 사건이 발생했다. 그 무렵 심한 피로감과 함께 코피가 자주 났는데, 하루는 길을 가다가 쓰러지고 말았다. 눈떠보니 병원이었고, 의사로부터 청천벽력 같은 이야기를 들었다. 내가 혈액암이라는 것이다. 절망했다. 믿을 수가 없었다.

내가 뭘 잘못했는데, 죄라면 열심히 산 죄밖에 없는데, 내가 왜 이런 병에 걸려야 하는지 납득이 가질 않았다. 억울했다. 분노했다. '신의 섭리'라는 말은 내게 통하지 않았다. 내면에서 터져 나오는 함성은 나를 산과 바다로 끌고 다녔다. 그야말로 '광풍'이었다. 바람이 그물에 걸린 꼴이었다.

그물은 질겼다. 운명이란 씨줄과 팔자라는 날줄에 무슨 접착제라도 뿌려놓았는지, 한번 그물에 걸리자 마치 거미줄에 걸린 나비처럼 벗어날 수가 없었다. 발버둥을 칠수록 탈진 상태가 되어갔다. 더 이상 날개를 퍼덕일 힘도 없이 그저 조용히 죽음을 기다렸다. 이윽고 점점 옥죄어오는 거미줄에서 완전히 이완을 했다. 그러다가 문득 이런 생각이 들었다.

'근데 대체 누가 이 그물을 만든 거지? 난 그런 그물 따윈 필요 없어!'

그 순간 거미줄이 스르르 풀리기 시작했다. 그리고 온몸 가득 알 수 없는 평온함이 밀려왔다.

선종 6조 혜능 대사가 남방에 은거할 때다. 어느 날 인종 법사가 《열반경》을 강의하는 회상會上에 갔다. 이때 바람에 깃발이 흔들리는 것을 보고 한 스님이 "깃발이 흔들린다"라고 하자, 다른 스님이 "바람이 흔들린다"라며 논쟁을 벌였다. 그러자 혜능 대사가 이렇게 말했다.

"그것은 깃발이 흔들리는 것도 아니고 바람이 흔들리는 것도 아니다. 그대들의 마음이 흔들리는 것이다."

이 말을 듣고 인종 법사는 매우 놀랐다. 이 유명한 선문답은 5조 홍인 대사의 법을 계승한 혜능 대사가 오랜 은둔 생활을 끝내고 세상에 나오는 극적인 장면

으로, 이것을 '바람과 깃발의 문답'이라 한다.

바람과 깃발이라, 이 얼마나 멋진 비유인가. 바람이 없으면 깃발은 흔들리지 않는다. 그런 까닭에 우리는 흔들리는 깃발을 통해서 바람의 존재를 인식할 수 있다. 바람의 정체성은 움직이는 것이다. 진동이며 파장이다. 움직이지 않으면 바람의 생명력은 끝난다. 우리가 '어제, 오늘 그리고 내일'이라고 이름 지을 수 있는 것은 눈에 보이는 바람, 즉 '깃발'이라는 시간이 있기 때문이다.

그렇다면 '시간'이라는 것은 어디서 온 것인가? 그 실체는 보이지도 잡히지도 않는다. 내가 존재한다고 믿는 그 순간 마음속에 생겨났다가, 그 자리를 확인하려는 찰나 사라져버린다. 결국 존재란 머무르지 않고 흐르는 '찰니생 찰나멸 刹那生 刹那滅' 하는 그 바람결에 있다. 삶은 오직 지금, 한 생각 일으키는 이 순간만이 존재할 뿐이다.

그럼 '삶'이란 무엇인가? '아픔'이란 무엇이고 '슬픔'이란 무엇인가? '운명'이란 무엇이고 '팔자'는 또 무엇인가? 이것들은 도대체 어디에 숨어 있다가 갑자기 나타나서 깃발을 흔들어대는가? 마음속에 씨앗처럼 잠재되어 있다가 인연 조건을 만나면 비로소 바람이 되어 깃발로 나타나는 것인가? 나는 결국 그 '불치병'이라는 씨앗에 '바람'이라는 조건이 맞아떨어져 '출가'라는 깃발을 달게 된 것인가?

작용이 있는 곳에 결과가 나타나는 법이다. 운명이란 놈에게 뒤통수를 한 방 맞아봐야 "어이쿠, 이놈 도대체 뭐야?" 하고 꿈틀하게 된다. 사람은 살아가면서 저마다 깃발을 꽂고 산다. 어떤 바람을 만나 어떤 모습으로 흔들릴지는 아무도 모른다. 다만 깃발이 바람에 흔들릴 때면 "아, 내가 살아 있구나" 하고 슬쩍 미소 한 번 지어주면 된다.

나는 오래전부터 사람은 존재가 아니라 바람이라

는 생각을 했다. 그래서 문득 바람 냄새를 맡게 될 때 가슴 아린 그리움을 느끼게 되는 것이라고……. 무의식을 자극하는 근원을 알 수 없는 그리움. 불어오는 바람처럼 태어나고, 불어가는 바람처럼 사라져가는 것이 인생이다.

내 삶에서 '어제의 바람'은 병든 한 청년이 고뇌하던 질풍노도의 바람이었다. '오늘의 바람'은 불보살님의 가피로 다시 태어난 행복한 수행자의 바람이다. '내일의 바람'은 따뜻한 훈풍으로 중생들 곁으로 다가가는 바람이다. 바람(風)과 바람(願)은 발음이 같다. 한 생각 일으키는 그 바람願이 삶을 존재케 하는 바람風을 일으킨다. 그래서 발음이 같지 않나 생각도 해본다. 이제 나의 바람이란 중생들을 향해 늘 깨어 있게 하는 원願이다.

인생은 지금 내가 어떤 생각과 말과 행동을 하느냐에 따라 삶의 내용이 달라진다.

"오늘은 어제의 생각에서 비롯되고, 현재의 생각은 내일의 삶을 만들어간다. 삶은 이 마음이 만들어내는 것이니, 순수하지 못한 마음으로 말과 행동을 하게 되면 고통이 따른다. 마치 수레가 소를 뒤따르듯이."

《법구경》에 나오는 말이다. 삶에는 수많은 방향이 있으며, 어떤 방향을 선택할 것인가는 지금 이 순간 나에게 달렸다. 이 '선택'이야말로 우리 인생의 가장 큰 선물이다.

나는 그물에 걸린 바람이 되어 허우적거리다가 출가라는 선택을 통해 수행자라는 큰 선물을 받은 셈이다.

· 출가

틀을 깨고 나와야
다다를 수 있다

부모님께 올립니다.

집안의 장남으로 태어나 키워주고 보살펴주신 은혜 어찌 잊을 수 있겠습니까? 그러나 이제 그 은혜 제대로 갚지도 못하고 저는 출가합니다. (…) 부디 저를 용서하시고 못난 아들 그리울 때면 열심히 공부해서 불도 이루기를 기도해주시먼 고맙겠습니다. 내내 건강하소서.

밤새 가족들에게 일일이 편지를 쓰고 나서 부모님

이 주무시는 방 앞에서 아홉 번 절을 했다. 낳아주신 은혜에 삼배하고 길러주신 은혜에 삼배를 드리며, 마지막으로 혹시 돌아가시더라도 찾아뵙지 못할 것을 생각하여, 아니 어쩌면 부모님보다 내가 먼저 세상을 떠날지도 몰라 미리 삼배를 드렸다.

편지를 놓아둔 마루에 눈물이 뚝뚝 흘렀다. 마당에서 집 안 곳곳을 둘러보았다. 도로 확장으로 마당이 잘려 나가기 전엔 꽤 아름다운 집이었는데, 아마 다시 이 집에 오기는 힘들 것이다.

조심스럽게 대문을 열었다. 드디어 집을 나섰다. 출가出家. 골목은 인적이 끊겨 조용했다. 멀리서 가끔 개 짖는 소리만이 밤의 적막을 깨뜨렸다.

마을을 벗어나자 남강으로 이어지는 둑방길이 나왔다. 풀잎에 맺힌 새벽이슬이 달빛에 보석처럼 빛났다. 갑자기 눈이 뿌옇게 흐려졌다. 이 첫새벽에 길을 나서는 나는 과연 누구인가? 삶은 무엇이고 죽음은 무엇인가? 하염없이 흐르는 눈물이 걸음마다 떨어졌다. 한참을 걸어서 남강 철교에 도착했다.

멀리 여명이 밝아올 무렵 먼지를 일으키며 마산행 첫차가 달려왔다. 통학하는 학생 몇 명과 어르신들이 타고 있었다. 마산에서 다시 버스를 갈아탄 나는 부산 동부정류장에서 강릉 가는 버스에 몸을 실었다. 지금은 부산에서 강릉까지 직통버스로 다섯 시간 정도 걸리지만, 40여 년 전 7번 국도는 거의 하루 종일 걸리는 시간이었다.

포항을 지나 영덕으로 접어들자 본격적인 해안도로가 이어졌다. 멀리 수평선이 날카로운 비수가 되어 가슴을 도려냈다. 하늘을 나는 갈매기들은 어지러운 내 상념만큼이나 오락가락했다. 하얗게 넘실대는 파도는 시나온 나의 온 생애를 한 페이지씩 넘기는 듯했다.

강릉에 도착하니 벌써 날이 저물었다. 오대산 들어

가는 버스는 진작 끊긴 상태였다. 대합실에 널려 있는 신문지를 덮고 의자에서 새우잠을 잤다.

다음 날 아침, 진부를 거쳐 월정사 가는 차를 탔다. 월정 삼거리를 지날 무렵 버스에서 가수 '해바라기'가 부르는 노래가 흘러나왔다.

모두가 이별이에요. 따뜻한 공간과도 이별.
수많은 시간과도 이별이지요. 이별이지요.
콧날이 시큰해지고 눈이 아파오네요.
이것이 슬픔이란 걸 난 알아요.

살면서 유독 기억에 남는 노래가 있다. 내게 '출가송'이 되어버린 그날의 이 노래는 내 심장에 각인이 되었다.

'아! 내가 출가하는 날 어떻게 이런 음악이 나오지? 세상도 나의 출가를 알고 슬퍼하는 건가?'

묘한 기분이 들었다. 전나무 숲길로 들어선 버스가 나를 일주문 앞에 내려주었다. '오대산 월정사'라고 써 있는 일주문이 마치 나를 기다렸다는 듯이 열려(?) 있었다. 통곡할 힘조차 빠져나가버린 텅 빈 몸에, 시원한 바람과 상큼한 숲속 기운이 온몸을 휘감았다. 드디어 '입산入山'하였다.

계곡을 따라 걷다 보니 용금루 앞에 이르렀다. 계곡물이 콸콸 소리를 내며 금강연으로 흘렀다. 물가에 있는 의자에 앉아 무심히 물결을 바라보았다. 갑자기 몸이 노곤해지더니 졸음이 쏟아졌다. 오랜 방황으로 지친 몸과 마음이 봄눈 녹듯이 무너져내렸다. 긴 의자에 누워 한숨을 잤다. 참으로 오랜만에 자는 맑고 푸른 잠이었다. 잠에서 깨니 상쾌한 기운이 온몸을 가득 채웠다.

월정사 마당으로 들어섰다. 도량을 둘러보고 나서 삼성각이라는 작은 전각으로 들어갔다. 절을 하는데

동은 스님의 출가 이야기 1   동은 스님의 출가 이야기 2

복전함에 '불교병원 건립 모금함'이라는 글이 적혀 있었다. '불교병원을 건립한다고?' 주머니를 뒤적이니 백 원짜리 동전이 나왔다. 나의 전 재산이었다. 그 돈을 시주하며 부처님과 약속했다.

"부처님, 이 못나고 억울한 중생, 운명이란 그물에 걸려 허우적거리다가 부처님 품으로 들어왔습니다. 출가수행 인연 공덕으로 이 몸의 병이 나으면, 남은 생은 덤으로 생각하고 아프고 힘든 중생들을 위해 살겠습니다."

간절한 마음으로 절을 하고 나와 법당의 부처님께도 입산 신고를 마쳤다.

"거사님은 왜 출가하셨어요? 보니 공부도 꽤 잘하셨구먼."

미리 준비해간 출가 서류를 훑어보시며 스님이 질문을 하셨다. 당시에는 출가 서류와 함께 성적증명서를 제출해야 했다.

'출가요? 아파서 죽는다기에 너무 억울해서 부처님께 한번 따져보려고 출가했지요' 하고 생각했으나, 혹시라도 받아주지 않으면 어쩌나 하는 마음에 "부처님 가르침이 너무 좋아서 수행자의 길을 걷고 싶어 출가했습니다. 저를 받아주시면 정말 열심히 수행해서 꼭 불도를 이루겠습니다" 하고 애절한 마음을 가득 담아 답했다.

"흠, 그럼 일단 객실에 가서 며칠 지내보고 마음이 결정되면 이야기하세요. 그때 정식으로 행자로 받아줄 테니까요."

행자 반장이 객실로 안내했다. 깔끔하게 정돈이 잘 된 작은방이었다. 여기 오기까지 참으로 긴 시간이었다. 조용히 앉아 나의 지나온 삶을 정리해보았다. 발병 후 방황과 출가, 격동의 시간이었다.

오대산의 첫 밤을 이리저리 뒤척이다, 범종 소리에 눈을 떠보니 새벽예불 시간이었다. 방을 나서자 밤하늘에 보석을 뿌려놓은 듯 별이 총총했다. 법당 구석에 자리를 잡고 앉았다. 법당 본존불이 석굴암 부처님처럼 크고 웅장했다. "지심귀명례 삼계도사 사생자부 시아본사 석가모니불……." 마치 천상에서 들려오는 음악 같은 예불 소리가 내 지나온 삶의 모든 고뇌를 씻겨 주는 듯했다.

"그래, 다시 시작이다. 하루를 살던 십 년을 살던 지금부터 사는 삶은 덤으로 사는 것이다. 나는 이제 수행자의 길을 선택했다. 지금부터의 삶은 깨달음의 등불을 켜기 위해 빛을 모으는 시간이다. 오직 간절하게 수행에만 전념하자."

'깨달음'이 무엇인가. 틀을 깨고 나와야만 다다를 수 있는 것이다. 나의 출가는 노老·병病·사死의 충격이 없었다면 결코 이루어지지 못했을 것이다.

· 노을

해 질 무렵,
여운을 남기는 삶

"있잖아, 몹시 슬퍼지면 해 지는 모습을 좋아하게 돼."

생텍쥐페리가 쓴《어린왕자》에 나오는 구절이다. 나는 언제부턴가 '노을' 하면 어린왕자가 떠오른다. 어린왕자가 사는 별은 워낙 작아서 고개만 서쪽으로 돌리면 언제든지 노을을 볼 수 있다. 그런데 외로울 때만 보던 그 노을을, 하루는 외로움이 사무쳐 어린왕자는 마흔네 번이나 바라보았다. 그렇게 외로웠냐는 사막에서 만난 조종사의 질문에 아무런 대답이 없는 어린왕자. 친구라곤 장미 한 송이밖에 없는 별에서 어린왕자가 느꼈을 그 외로움과 고독…….

외로움과 고독은 비슷한 것 같지만 다르다. 외로움이 환경이 주는 것이라면, 고독은 내가 선택하는 것이다. 어찌 보면 출가수행자나 작은 별에서 혼자 지내는 어린왕자나 외로움과 고독을 평생 친구처럼 안고 살아가야 하는 것은 비슷하다. 그 외로움과 고독에게 잘 어울리는 벗이 바로 노을이다. 일몰이 외로움의 친구라면, 노을은 고독의 보상이다.

무문관 수행 시절, 그 철저한 고독 속에서 화두와 씨름할 때 저녁 무렵 하늘가에 번진 노을 한 자락을 보며 얼마나 큰 위안을 얻었는지 모른다. 나는 노을을 참 좋아한다. 지금 내가 타고 다니는 자동차에도 '노을'이란 이름을 붙이고, 즐겨 듣는 음악 플레이리스트도 '노을' 옆에 넘버로 매겨두는 등 웬만한 의미 있는 것에는 노을이 빠지지 않는다.

오래전 이야기다. 어느 해 여름, 선방 결제 정진 중 좌복에서 무슨 망상이 들었는지 해제가 되자마자 자동차를 하나 빌려 만행 길을 나섰다. 아직 한낮에는 뜨거운 태양이 내리쬐는 8월, 나는 오래전부터 미뤄왔던 숙제를 해보기로 했다. 바로 '노을 여행'이다.

일전에 목포에서 파주까지 1번 국도를 종단한 경험이 있는 나는, 이번에는 동쪽 끝 부산에서 서쪽 끝 목포까지 2번 국도를 횡단해보기로 했다. 계획은 간단했다. 해 질 무렵 출발해서 서쪽 하늘에 노을이 물드는 것을 보며 어둑해질 때까지만 달리는 것이다. 그리고 숙소를 잡고 낮에는 책을 읽으며 쉬다가 저녁 무렵에 다시 출발하는 것이다.

노을 여행이라, 가슴이 설레었다. 마치 어린왕자가 노을이 시라지면 의자를 몇 걸음 더 옮겨 다시 노을을 보듯이, 하루치 노을을 보고 나면 다음 날 다시 노을이 물드는 시간에 출발해 어린왕자의 그 마음을 조금이

나마 느껴보기로 했다. 어떤 날은 처절하리만큼 붉은 노을이 온 하늘을 물들인 적도 있고, 어떤 날은 잠시 나타났다가 금방 사라지기도 했다.

이 멋진 여행에 배경음악이 빠지면 재미가 없지. 그 무렵 한창 즐겨 듣던 제랄드 졸링Gerald Joling의 〈티켓 투 더 트로픽스Ticket to the tropics〉와 〈스패니시 하트Spanish Heart〉를 여행 도반으로 삼았다. 정열적인 음악을 들으며 달리노라면 마치 노을 속으로 그대로 빨려 들어가는 듯했다.

목포까지는 거의 일주일이 걸렸다. 더 이상 앞으로 나아갈 수 없는 바다에 이르러 캄캄해질 때까지 노을의 시작과 끝을 바라보았다. 숙제를 하나 마쳤다는 뿌듯함과, 알 수 없이 밀려드는 외로움을 온 가슴으로 느끼며 나의 노을 여행은 끝이 났다. 그리고 그날은 어린 왕자 꿈을 꾸며 차 안에서 잠을 잤다.

나는 과연 무엇 때문에 불타는 노을을 바라보며 길

을 달렸던가. 삶이 고단했던 걸까? 아니면 어린왕자만큼이나 슬펐던 걸까?

> 풍류는 혼자 누리되 다만 꽃과 새의 동참은 허용한다. 거기에다 안개와 노을이 찾아와 공양을 한다면 그건 받을 만하다.

장조張潮가 쓴 중국 청대 수필의 백미인《유몽영幽夢影》에 나오는 글이다. 안개와 노을의 공양이라. 이 얼마나 멋진 표현인가. 사실 안개와 노을은 매일 수행자들에게 공양을 올리고 있지만, 나는 과연 그 공양을 받을 만한 자격이 있는지 모르겠다. 다만 늘 노을을 마음에 두고 있는 것으로 부끄러움을 대신할 뿐이다.

노을과 만행. 내 삶은 이 두 가지를 빼고 나면 별로 남는 게 없다. 노을을 찾아 온 산하를 돌아다녔던 만큼, 이젠 어느 곳에 가면 어떤 노을이 좋은지도 훤히

알고 있다.

    노을도 계절에 따라 조금씩 그 느낌이 다르다. 봄 하늘에 물든 노을은 마치 새색시 볼에 물드는 홍조 같다. 그러나 뿌연 하늘과 온 산하를 불태우는 꽃빛으로 인해 부끄러움 잘 타는 봄 노을은 보기가 쉽지 않다. 여름 하늘의 노을은 뜨겁다. 낮 동안 해가 부지런히 대지를 데우고 난 뒤라 노을마저 덩달아 그래야 하는 줄 알고 따라 한다. 운이 좋으면 정말 장엄한 일몰과 노을을 볼 수 있는 때가 여름 저녁이다.

    가을 노을은 왠지 쓸쓸하다. 추수가 끝난 빈 들녘 위에 스러지듯이 피어오르는 노을은 우리네 삶을 관조하게 하는 마력을 뿜어낸다. 내가 제일 좋아하는 노을은 겨울 하늘에 피어나는 노을이다. 내 영혼을 맑혀 주는 여러 가지 인연들이 있지만, 그 첫 번째가 바로 이것이다. 겨울 하늘은 무엇보다 티 없이 맑아서 좋다. 그 시리도록 푸른 하늘가로 번져 나오는 노을은 가만히 보고만 있어도 금방 눈에 눈물이 괼 정도다. 아마 내 평생 이루기는 힘들겠지만 어린왕자처럼 외로움이 사무치는 날 노을이 피어오르는 시간에, 지구를 하루에 딱 한 바퀴만 도는 비행기를 타고 서쪽으로 날아올라 겨울 하늘에 핀 노을을 온종일 보고 싶다.

노을 같은 삶은 여운을 남기는 삶이다. 그 사람이 머물다 간 자리에 남는 찬란한 노을 같은 여운. 온 하늘을 뒤덮다가 마침내 영혼까지 차지해버리는 사람. 인류 역사가 시작된 이래로 노을만큼 사람들의 심금을 울리는 것은 없을 것이다. 사람들은 왜 그토록 노을을 찾으며 의미를 부여하는 걸까. 노을이 아름다운 것은 그 속에서 자신을 불태우고 있는 태양이 있기 때문이다. 마치 보살이 중생들을 위해 성불을 미루고 보살행을 하는 것처럼 말이다.

"행복은 저녁노을이다. 누구에게나 보이지만, 사람들은 고개를 돌려 다른 쪽을 바라보기에 그것을 놓치기 일쑤다."

마크 트웨인Mark Twain이 한 말이다. 매일 피고 지는 노을이지만 우리는 이 기적 같은 장관을 볼 마음의 여유를 잊고 산다. 부디 오늘은 저녁 퇴근길 차 안에서, 혹은 아파트 베란다에서 따뜻한 차 한잔 마시며 노을을 맞이해보라. 이 삶이 바로 기적이다.

· 길과 암자

길 위에서

집을 나서면 길이 펼쳐진다. 길은 우리네 삶과 닮았다. 늘 갈림길이 나타나며, 우리는 그 가운데 하나를 선택해야 한다.

    이 길이다 싶어 들어섰는데 길이 막혀 앞서 포기했던 다른 길로 돌아가야 할 때도 있다. 고속도로를 달리듯 질주힐 때도 있고, 비포장도로를 만나 덜컹거리며 갈 때도 있다. 인생의 봄날처럼 경치 좋은 곳에 차를 세워놓고 꽃구경을 할 때도 있고, 꽃자린 줄 알고 갔다가 진흙탕에 빠져 곤욕을 치를 때도 있다.

차가 고장이 나면 견인차를 부르듯이 삶의 고단함에 허덕일 때는 누군가의 도움을 받아야 한다. 갑자기 소나기를 만나 옷이 흠뻑 젖을 때도 있고, 비 피하러 들어선 처마 밑에서 평생 배필을 만날 수도 있다. 다만 이 모든 상황은 길을 나서는 순간에는 아무도 모른다.

누구나 자기만의 인생길이 있다. 내 인생의 길을 숫자로 표현한다면 7과 33이다. 7은 내가 출가한 월정사로 연결되는 동해안 7번 국도이고, 33은 고향에서 해인사로 연결되는 33번 국도다. 지금 쓰는 전화번호도 여기에서 나왔다. 해인사는 내가 가장 오랜 시간 머물면서 수행 정진한 곳이다.

나는 가끔 도로 번호를 하나 정해서 여행할 때가 있다. 특정한 목적지를 두고 길을 나서는 것이 아니라 도로 번호를 따라 길을 가는 것이다. 그러다 보면 평소에는 가보기 힘든 곳에 이를 때가 많다. 바로 과정의 소중

함이다. 목적지를 정해서 갈 때는 그곳에 마음이 가 있기 때문에 지나쳐가는 풍경에 크게 관심을 둘 수가 없다. 그러나 과정에 의미를 두고 가다 보면 재촉하는 마음이 없어져 여유를 갖게 된다. 그제야 비로소 사람 사는 모습이 보이고 길가에 핀 들꽃도 바라볼 수 있다.

몇 년 전 봄 법정 스님께서 수행하시던 송광사 불일암에 다녀왔다. 도반 현진 스님이 3년 동안 봉행한 '내 생애 꼭 가보아야 할 108암자 순례' 마지막 회향법회를 이곳에서 했기 때문이다. 요즘 많은 곳에서 산사 순례를 하는데, 현진 스님의 암자 순례 프로그램이 좋아 순례단에 끼어 몇 군데 가보기도 했다.

암자는 걸어서 가야 한다. 차에서 내려 몇 발짝 걷지 않아도 되는 관광 사찰과는 다르다. 땀을 뻘뻘 흘리며 몸과 마음에 찌든 삼독심을 비워내야만 마침내 부처님을 친견할 수 있다. 순례를 하면서 이 산하 곳곳에 보석처럼 숨어 있는 아름다운 암자들이 얼마나 많은

지 새삼 알게 되었다. 어쩌면 우리나라 명산들은 이 암자들이 있기에 더욱 빛이 나는지도 모른다.

송광사는 젊은 날 율원에서 수행하던 추억이 깃든 곳이다. 방문 앞 돌담 너머에는 대숲이 우거져 있었는데, 그 사이로 난 오솔길은 감로암을 거쳐 불일암까지 이어졌다. 가끔 대숲에 바람이 불어 '솨아솨아~' 하는 소리가 들려오면 나도 모르게 홀린 듯 길을 나서 불일암에 간 적이 한두 번이 아니다. 그 무렵 법정 스님께서는 강원도 오두막으로 거처를 옮겨 이따금 내려오셨지만, 스님의 손길이 닿은 암자 구석구석은 정갈하기 그지없었다.

중학생 때부터 월간《샘터》에 실린 법정 스님의 '산방한담'을 즐겨 읽던 나는 스님의 삶에 매료되었다. 늘 불일암 구석구석을 상상하며 스님의 삶을 존경했다. 어쩌면 그때부터 출가를 꿈꾸었는지도 모르겠다.

길이란 인연의 다른 말이기도 하다. 나는 출가 전

삶의 막다른 길에서 방황하다가 우연히 혼자 수행하는 어느 스님의 작은 암자에 든 것이 출가의 인연으로 이어졌다. 만약 절망해서 주저앉아 길을 나서지 않았다면 결코 수행자의 인연은 주어지지 않았을 것이다. 길을 아는 것과 걷는 것은 큰 차이가 있다. 길은 머리가 아닌 몸으로 걷는 자의 몫이다.

길과 암자, 참으로 잘 어울리는 말이다. 길은 동적이고 암자는 정적이다. 길은 걸어야 제맛이고 암자는 마루에 걸터앉아 먼 산을 바라보며 쉬어 가기 제격인 곳이다. 우리네 삶은 걷기도 하고 쉬기도 해야 한다. 걷기만 하면 지쳐 쓰러지고, 일없이 쉬기만 해도 사람답게 살 수 없다. 땀 흘리며 길을 걸어보지 않은 사람은 낡아 삐걱거리는 암자 마루의 고마움을 모른다. 온 힘을 다해 걸어온 길 끝에서 암자 툇마루에 앉아 땀을 식힐 때 문득 들려오는 풍경소리 한 자락에서 인생의 의미를 깨달을 수도 있다.

이렇듯 산다는 것은 걸어가야 할 때와 쉬어갈 때, 그리고 다시 일어나 걸어가야 할 때를 알고, 그때를 놓치지 않도록 늘 깨어 있어야 한다. 그래서 삶 자체가 기도이며 수행인 셈이다.

2013년 개봉한 이창재 감독의 영화 〈길 위에서〉는 명문대를 졸업하고 미국 유학길에서 젠Zen 센터의 경험으로 출가를 감행한 상욱 행자와, 어린 시절 절에 버려져 동진童眞 출가의 업을 지닌 선우 스님, 인터넷 검색으로 절에 왔다는 신세대형 민재 행자, 37년 동안 수행의 길을 걸었지만 여전히 그 끝을 알 수 없다는 영운 스님 등이 백홍암에 모여 수행하는 이야기다. 인생의 굴곡진 길을 걸어 마침내 암자에서 만난 사람들. 이들은 무엇 때문에 이곳으로 왔는가?

이 영화의 초점은 '사람'에 있다. 모든 삶은 행복을 지향한다. 수행도 결국 나는 물론 다른 사람들까지 행복하게 하기 위해 하는 것이다. 고속도로를 편하게 가는 사람이든 가시밭길을 피 흘리며 가는 사람이든 모두 행복할 권리가 있다. 나처럼 출가한 수행자도 그 여정이 행복해야 하고, 길을 떠난 여행자도 길 위에서 행복해야 한다. 왜냐하면 우리 모두 행복하기 위해 길을 나섰기 때문이다. 어찌 보면 암자는 삶의 끝에서 더 나아갈 수 없는 사람들에게 마지막 한 걸음을 내디며 다시 일어설 수 있도록 자리를 내어주는 곳인지도 모르겠다. 어쨌든 우리는 모두 평생을 길 위에 있는 암자에 있는 셈이다.

나는 지금 어느 길 위에 서 있는가? 지나온 수많은 길과 거쳐온 암자에서 무엇과 마주쳤나? 7번 국도에서는 '삶이란 무엇인가'라는 화두와 마주쳤고, 33번 국도와 만나는 해인사에서는 '삶이란 무엇인가, 라고 생각하는 이놈은 무엇인가'라는 화두와 정면 대결했다. 이제 다시, 처음 출발했던 그 길 7번 국도 위 삼척에 서 있다. 결국 다시 '삶이란 무엇인가'이다.

· 여행

내 인생의
'초우따라'

살다 보면 기억에 남는 여행이 있게 마련이다. 내겐 몇 년 전 네팔 '안나푸르나 베이스캠프(일명 ABC)' 트레킹이 그렇다.

나는 오래전부터 이 순례를 꿈꿔왔다. 선방 다닐 때 지인들에게 "내게 연락이 끊기면 설산 어느 자락에서 살다가 간 줄 알아라" 하고 이야기한 적도 있다. 부처님께서 도를 이루신 그 설산 양지바른 어디쯤엔가 토굴 하나 지어놓고, 몸과 마음이 아픈 사람들과 더불어 살며 그들을 위해 기도하다 가고 싶은 바람이 있었기 때문이다.

오래전 포카라에 갔을 때 안나푸르나 설산이 보이는 '오스트리아캠프'에서 하루 묵은 적이 있다. 그때 멀리 산 아래 보이는 '코트단다Kot Danda'를 보며 언젠가 꼭 저곳에 가보리라 마음먹었다. 그곳은 지금 인도 기원정사 천축선원 주지이신 대인 사형 스님께서 수행센터를 짓다가 사정이 생겨 중간에 그만둔 곳이다. 순례단은 도반 천호 스님, 강원대학교 부총장을 지낸 최선도 거사님과 아내 보덕행 보살님, 그리고 희귀병으로 시한부 인생을 살다 열심히 수행한 공덕으로 새로운 삶을 살아가고 있는 이채운 보살님으로 꾸려졌다. 가이드 천호 스님만 빼면 전부 노약자인 셈이다.

설레는 마음으로 일정을 시작한 우리는 포카라를 출발하여 울레리를 거쳐 고레파니에 여장을 풀었다. 그리고 노을을 보러 푼힐 전망대에 올랐다. 이곳으로 가는 계단은 일명 '지옥계단'이라 할 정도로 일직선의 급경사 계단이 끝없이 이어진다. 심장과 폐가 약한 나는 정상에 거의 다다를 때쯤 숨이 가빠오면서 안색이 창백해졌다. 고산증이 오기 시작한 것이다. 하산하는 사람들이 나를 보고 위험하니 빨리 내려가라고 했다.

잠시 망설였다. 이렇게 힘들게 올라왔는데, 정상이 바로 저긴데, 무리를 할 것이냐 이쯤에서 포기하고 하산할 것이냐, 하는 갈림길에서 나는 결국 오던 길을 되돌아가기로 마음먹었다. 지금 무리하면 남은 일정을 포기해야 할 수도 있기 때문이다. 아쉽고 안타깝더라도 때론 미련 없이 포기할 줄도 알아야 한다. 왜냐하면 그것은 능력 밖의 일이기 때문이다.

우리네 삶도 마찬가지다. 금방이라도 손에 잡힐 듯한 일이 아무리 애를 써도 안 될 때가 있다. 그땐 과감히 내려놓아야 한다. 멀리 인생 전체를 내다보고 내가 할 수 있는 일과 할 수 없는 일을 잘 알아차려야 지혜로운 삶을 살 수 있다.

다음 날, 설산의 눈부신 일출과 하얀 용들이 꿈틀거리는 듯한 준령들을 바라보며 타다파니에 도착했다. 설산 조망이 가히 압권인 이곳은 안나푸르나 사우스와 히운출리, 마차푸차레 영봉들이 한눈에 보이는 곳이다. 마차푸차레는 '물고기 꼬리'라는 뜻으로, 산봉우리 모양이 꼭 그렇게 생겼다. 네팔에서는 이곳을 신성시해서 지금도 입산을 금지한다.

손을 내밀면 금방이라도 잡힐 듯한 눈이 시리도록 푸른 하늘과 하얀 설산을 각인이라도 하듯 내 영혼 깊숙이 새겨 넣었다. 혈액암으로 어쩌면 벌써 몸을 바꿨을 수도 있었고, 허리와 무릎이 안 좋아 산책길도 조심해서 다니는 나로서는, 내딛는 걸음마다 불보살님의 가피를 실감하며 솟아나는 벅찬 기쁨을 주체하기 힘들었다.

설산에서 수행하시는 부처님 꿈을 꾼 다음 날, 이

번 순례의 하이라이트인 코트 단다, 일명 '리틀 파라다이스Little Paradise'로 출발했다. 타다파니에서 리틀 파라다이스로 가는 길은 트레킹 코스가 아니라서 이쪽 지리에 훤한 사람만 갈 수 있다. 울창한 밀림으로 난 오솔길을 가는데 어디선가 아름다운 향기가 났다. 둘러보니 온 산이 천리향 군락지였다. 이런 설산에 천리향 군락지라니, 신기할 정도였다. 마치 천상의 화원에서 구름 위를 산책하는 것 같았다. 트레킹하느라 힘들었던 모든 순간이 다 보상받는 느낌이었다. 그래, 살다 보면 이런 날도 있어야지. 일행들은 모두 즐거워하며 '파라다이스'로 가는 길목답다며 황홀해했다.

드디어 리틀 파라다이스에 도착했다. 생각했던 대로 안나푸르나와 마차푸차레를 병풍처럼 둘러친 천혜의 명당이었다. 옛날에는 구룽족 왕궁터였는데 수행자들이 모여들면서 점점 알려져 '리틀 파라다이스'로 불리게 되었다. 사형 스님이 짓다 만 법당 터는 지금도 그대로 남아, 마치 이곳이 신성한 수행처라는 것을 상징적으로 보여주는 듯했다.

따사로운 햇살과 감미로운 바람결, 어느 시선에서나 눈에 담기는 안나푸르나와 마차푸차레 영봉. 며칠 동안 입어 땀에 전 옷을 바람에 말리고, 지친 몸과 마음도 모두 내려놓았다. 여기 오기까지 누구 하나 불편해하지 않았고, 오히려 힘이 들수록 서로를 아끼고 배려하는 마음들이 순례길을 더 행복하게 했다.

간밤 양철 지붕으로 떨어지는 요란한 빗소리에 잠을 설쳤다. 아침에 방문을 여니, 아! 안나푸르나 여신이 우리를 위해서 밤새 온 산을 흰 눈으로 장엄해놓으셨다. 사실 눈이 많이 녹아 제대로 된 설산을 못 본 것이 아쉬움으로 남았는데, 그 부족함을 감사하게도 채워주신 것이다.

리틀 파라다이스를 뒤로하고 안나푸르나 길목 마을인 간드룩으로 내려갔다. 마을 초입에 들어서니 성

황당처럼 생긴 곳에 마니차摩尼車(티베트 불교에서 사용되는 불교 도구의 하나)를 만들어놓았다. 내가 마니차를 돌리면서 "만사형통진언, 옴 노프러블럼 사바하"를 외우니 다들 재밌어하며 따라 했다. 이 진언은 누가 지어낸 것이지만 '플라세보 효과placebo effect'가 있다.

점심 공양을 하고 차를 불렀다. 내내 흐렸던 하늘에서 비를 뿌리기 시작했다. 비를 피해 겨우 찾아든 오두막집에서 우리는 언제 올지 모를 차만 하염없이 기다렸다. 인생은 참으로 다이내믹하다. 어제는 파라다이스에서 단꿈을 꾸었는데, 오늘은 남의 집 처마 밑에서 비를 피하는 신세라니……. 그나마 안나푸르나 여신의 가피로 비라도 피할 수 있는 처마를 내어주심에 감사할 따름이었다.

어떤 상황에서도 나의 능력으로 감당하기 어려운 일이 닥치면 인정하고 받아들이는 마음가짐, '더 안 좋을 수도 있었는데 이만하기 다행이다'라는 생각이 우리네 인생을 다채롭고 넉넉하게 한다.

트레킹을 하다 보면 길옆에 짐꾼들이 쉬어갈 수 있는 쉼터가 있다. 여기 말로 '초우따라'라고 한다. 우리네 고락苦樂의 인생 여정에도 초우따라가 필요하다. 몸이야 힘들면 절로 쉬어지지만, 영혼은 지쳐도 짐작하기 힘들다. 쓰러진 후에야 '아차!' 할 뿐이다. 미리 알아차려야 한다. 이번 순례는 우리 모두에게 삶의 의미를 곱씹게 해준 '내 인생의 초우따라'였다.

· 감성과 이성

알고 보면
각자의 입장이 있을 뿐

에피소드 하나

지난 초하루 법회 때 일이다. 한창 법문을 하고 있는데 노보살님 한 분의 전화벨이 울렸다. "청춘~을 돌려다오~♬" 조용한 법당에서 울리는 벨소리에 모두의 시선이 그쪽으로 쏠렸다. 다들 멋진(?) 벨소리에 킥킥댔다. 그러나 정작 보살님은 벨소리를 듣지 못하시는지 꺼질 때까지 가만있었다.

   잠시 후 조용하던 전화벨이 다시 울렸다. 어쩌면

자식들의 안부 전화였을지도 모를 일이었다. 평소 법문 시간에 재밌는 말씀으로 대중들을 즐겁게 해주시는 보살님이라 〈감성이〉의 너그러운 마음이 '그러려니' 하고 넘어갔다.

세 번째 벨이 울렸다. 이쯤 되면 누군가가 옆구리를 한번 쳐줘야 맞다. 맘이 너그러운(?) 편인 나도 누가 그래 주기를 바랐다. 그래야 법회 진행이 수월할 테니까.

그때 〈이성이〉가 약간 짜증스럽게 혼잣말을 했다. "아니, 세 번은 너무하잖아. 나가서 전화를 받던지, 아니면 전화기를 꺼야지. 남한테 피해를 주면 되겠어?"

대중의 눈치를 살피다가 결국 내가 〈주관이〉의 입을 빌려 보살님께 한마디 했다. "보살님, 부탁이 있어요. 다음부턴 법회 때 전화기를 좀 꺼주시면 고맙겠습니다. 벨소리 때문에 하던 법문을 잊어먹었어요." 그러자 보살님께서 큰소리로 말씀하셨다. "스님, 뭐라고요? 제가요, 귀가 어두워서 잘 안 들려요. 전화기도 끌

줄을 몰라요. 죄송합니다." 대중이 "와~" 하고 웃었다. 지나가던 〈객관이〉가 노보살님을 향해 "나이 들면 그럴 수도 있지요, 뭐. 하하~" 하며 대수롭지 않게 이야기했다.

에피소드 둘

하루는 길을 가다가 신호에 걸려 차를 세웠다. 그런데 갑자기 내 앞차와 그 차 앞에 있는 트럭 운전자끼리 싸움이 붙었다. 내다보니 초보운전 보살님이 신호 대기 중인 트럭을 들이받은 것이었다.

"어머 어떡해. 큰일 났네."

보살님은 어쩔 줄을 모르고 쩔쩔매고 있었다. 트럭 기사가 목덜미를 잡고 눈을 부릅뜨며 고함을 쳤다.

"이 아줌마가 운전을 어떻게 하는 거야. 응? 왜 가만히 있는 차를 들이받아. 이제 어떡할 거야?"

"아저씨, 죄송해요. 제가 초보라서요. 보험사에 연

락해서 보상 처리 바로 해드리겠습니다."

"아, 그건 아줌마가 알아서 할 일이고 난 아무래도 목뼈가 이상한 것 같으니까 병원 가야겠어."

아줌마는 거의 울기 직전이었다. 이 모든 것을 지켜보고 있던 내가 차에서 내려 두 분에게 다가갔다.

"아저씨, 아줌마가 초보라서 실수로 살짝 들이받은 것 같은데, 아줌마 차가 많이 찌그러졌고, 아저씨 차는 별로 표시도 안 나니 적당한 선에서 서로 합의 보는 것이 좋겠네요. 두 분 차에 다 염주가 걸린 걸 보니 불자 같은데, 서로 조금씩 이해하고 좋게 마무리하시지요?"

화를 내긴 했지만 초보 아줌마의 작은 실수임을 안 아저씨가 머리를 긁적이며 말했다.

"스님 말씀 듣고 보니 그렇네요. 아줌마, 내 차는 별로 표시도 안 나니 그냥 가세요. 그나저나 아줌마는 다친 데 없어요?"

"아이고, 아저씨 고맙습니다. 전 어디가 아픈지도

모르겠어요. 그래도 병원 가보시고 아픈 데 있으면 치료 잘 받으세요. 저한테 꼭 연락주시고요."

보살님은 연신 허리를 굽신거리며 고마움을 표했고, 사고 차량들이 합의를 보자 꽉 막혔던 도로는 금세 뚫렸다. 〈주관이〉와 〈이성이〉가 〈객관이〉와 〈감성이〉의 덕을 본 것이다.

"감성과 이성의 중요한 차이는 감성은 행동으로 이어지는 반면 이성은 결론으로 이어진다는 점이다"라고 캐나다 신경학자 도널드 칸Donald Calne이 말했다. 그렇다. 행동의 진정한 변화를 가져오려면 논리적인 설득과 감성적인 울림이 어우러져야 한다.

해인사 학인 시절, 도반들이 각자 특성을 살려 '해인총림 20대 존자'라고 재미 삼아 이름을 붙인 적이 있다. 나는 '감성제일존자'로 불렸다. 무슨 일이든지, 무엇을 보든지 "이야!" 하며 감탄을 잘해서 생긴 별명이다. 그러니까 다른 말로 하면 '감탄제일존자'가 된 것이다.

감성은 감정에서 나온다. 획 하나 차이인데 둘의 차이는 크다. 감정은 누구나 있지만 감성은 그렇지 않다. 어떤 일이 생겼을 때 일어나는 감정들을 알아차리는 것이 감성이다. 그런데 그걸 알아차리는 것이 보통일이 아니다. 습관이 모여 업식業識으로 형성되기 때문이다.

우리는 살아가면서 감성이 아닌 감정에 휘둘리는 경우가 많다. 이런 경우 대체로 후회하는 일이 생긴다. 감성이 부족하면 감사할 일이 없고, 감사할 일이 없으면 감탄할 일도 없다. 그렇게 되면 자연히 인생은 재미없고 무미건조해진다. 그러니까 살아가면서 감탄할 일을 많이 만들어야 한다. 작은 일에도 진실로 감사하면 감탄사가 절로 나온다. 사실 우리는 일상 속에서 기적을 살고 있지만, 그것이 기적인 줄을 모른다.

"나, 상당히 객관적인 사람이야. 이거 왜 이래?" 하면서 따지고 드는 사람이 있다. 그러나 그 객관이란 것은 그 사람의 주장이고 알음알이며 소견일 가능성이 크다. 알고 있는 지식을 총동원해서 자기를 합리화하며 내세우는 것이 '객관적'이라는 말로 포장되어 나올 뿐이다. 결국 모든 일은 주관적 입장에서 비롯되는 것이다.

감성과 이성, 주관과 객관의 경계는 모호하다. 알고 보면 모든 것이 주관적이면서 객관적이다. 즉 주관과 객관이 따로 있는 게 아니다. 각자의 입장이 있을 뿐이다. 부처님 가르침으로 보자면, 인因이 있고 연緣이 있으며 그에 따른 결과結果가 있을 뿐이다. 그것만이 보편타당한 진리다.

《금강경》에는 '나'라는 상相이 없으면 시비是非가 없다고 했다. 행복과 불행은 '나'의 견해에 있다. 열 가지 일 가운데 일곱 가지 일은 이루고 세 가지는 못 이루었다고 치자. 세 가지 못 이룬 일을 '주관적 마음'에 두고 끙끙대며 살 것인지, 일곱 가지 이룬 '객관적 일'에 마음을 두고 편하게 살 것인지는 나의 선택에 달렸다.

다음 법회 때는 시작하기 전에 주관과 객관을 꿰뚫는 직관과, 감성과 이성을 아우르는 지성으로 한마디 하고 시작해야겠다.

"자, 여러분. 모두 핸드폰 꺼내세요. 그리고 전원을 꺼주세요. 잘 못하시는 분은 옆에서 도와주시기 바랍니다. 다 됐지요? 그럼 기도 시작하겠습니다."

· 스승

스미고 번져나가
피어나는 것

"스님, 제 마음이 불안합니다. 스님께서 편안하게 해주십시오."

"불안한 네 마음을 가져오너라. 그러면 편안하게 해주리라."

"아무리 찾아도 그 마음을 찾을 수 없습니다."

"내가 이미 너를 편안케 하였느니라."

선종에서는 너무나도 유명한 달마대사와 제자 혜가의 문답이다. 스승을 찾아 힘들게 소림굴까지 간 혜가는 허리까지 오는 눈 속에서 법을 구하였다. 그러나 근기를 시험하는 달마대사는 혜가를 거들떠보지도 않았다. 결국 왼팔을 잘라 구도의 결연한 의지를 보이자 비로소 제자로 받아들였다.

9년 동안 두문불출 면벽 좌선을 하며 제대로 된 제자를 기다린 달마대사와, 막힌 공부를 시원하게 뚫어줄 스승을 찾아 나선 혜가의 극적인 만남이 바로 이 장면 '혜가단비慧可斷臂'다. 제자의 무르익은 공부를 알아차리고 마지막 손가락 한번 튕겨주는 스승과, 그 한 방을 제대로 알아차려 깨달음에 이른 제자. 불가에서 스승과 제자의 관계를 상징적으로 보여주는 장면이다.

무문관에서 수행할 때다. 어느 날 방으로 벌이 한 마리 날아들었다. 한참을 여기저기 날아다니더니 문에 있는 유리에 붙었다. 그런데 유리 위에서만 맴돌 뿐 밖으로 나가질 못하는 것이었다. 문 아래쪽에 틈을 만들어놓고 그쪽으로 살살 유도해도 그쪽은 본체만체하고 더더욱 자기 고집만 피우며 몇 시간을 발버둥 쳤다.

좌선하는 코앞에서 벌이 앵앵거리며 날아다니니 정진이 제대로 될 리 없었다. 바로 옆에 나가는 곳이 있는데도 굳이 꽉 막힌 유리와 씨름하고 있는 한심한 벌을 보고 있으니, 학인 시절 해인사 보경당에 있던 벽화가 생각났다. 〈귀래위아개배歸來爲我揩背〉란 제목이었는데, '돌아와서 나를 위해 등을 밀어다오'란 뜻이다.

중국 당나라 때 신찬 스님이 있었다. 출가하여 고향의 대중사에서 은사 계현 스님을 모시고 살았다. 이후 백장 스님 문하에 가서 깨달음을 성취하고 돌아왔으나, 은사 스님은 여전히 글만 들여다볼 뿐 자성을 깨치지 못하고 있었다. 어떻게 하면 은사를 깨달음으로 이끌어드릴까 궁리하던 중 어느 날 목욕탕에서 스님의 등을 밀어드리게 되었다.

열심히 때를 밀다가 갑자기 스님의 등을 한 대 치며 "법당은 참 좋은데 부처가 영험이 없구나"라고 하니, 은사가 깜짝 놀라 고개를 돌려 쳐다보았다. 제자가 다시 "영험도 없는 부처가 방광放光은 할 줄 아는구나"라고 하였다. 좋은 법당이란 육신을 두고 한 말이고, 영험이 없다는 것은 깨달음이 없다는 뜻이다. 보통 이 정도면 제자 귓방망이를 후려칠 만도 한데 뜻밖에도 스승은 느끼는 바가 있어 그대로 목욕을 마쳤다.

얼마 뒤 스승이 햇빛 잘 드는 창 아래서 한쪽 창문을 열어놓고 경전을 읽고 있었다. 마침 벌이 한 마리 방에 들어와 열려 있는 문으로는 나가지 않고 닫힌 종이 창문에 붙어 밖으로 나가려고 계속하여 부딪히고 있었다. 그것을 보고 있던 제자가 시를 한 수 읊었다.

"빈 문으로 나가지 아니하고 종이 창문에 부딪히니 참으로 어리석구나. 백 년 동안 옛 종이를 비벼댄들 어느 날에 나갈 기약이 있으리오."

심상치 않은 상좌의 말에 정신을 차린 은사가 그제야 자초지종을 물으니, 백장 스님 문하에서 깨쳐 인가

를 받고 돌아왔다고 했다. 스승이 곧바로 대종을 쳐서 대중들을 모으고 법석法席을 마련하였다. 상좌를 법상에 올려 앉히고 자신은 밑에 앉아 제자가 되어 법문을 청했다.

"신령스러운 빛이 홀로 비치어 근진을 벗어나며 체는 진상이 드러나 문자에 걸리지 아니하네. 참된 성품은 물듦이 없어 본래 스스로 원성하나니 다만 망연을 여의면 곧 여여불이라."

스승이 그 말에 바로 깨달았다 한다.

이 고사가 어찌 공부 길에만 해당되겠는가. 바로 옆에 밖으로 나가는, 진리로 향하는 문제 해결의 문이 활짝 열려 있는데도 우매한 중생들은 그것을 모른 채 그저 자기 앞에 있는 창호지만 뚫고 나가려고 발버둥 치며 살고 있다. 다행히 훌륭한 스승을 만나 그 길로 나가는 방법을 알면 생사 해탈도 하고 골치 아픈 문젯거리도 시원하게 해결될 것이다.

'줄탁동시啐啄同時'라는 말이 있다. 알 속에서 자란 병아리가 때가 되면 알 밖으로 나오기 위해 껍데기 안쪽을 쪼는데 이를 '줄'이라 하고, 어미 닭이 병아리 소리를 듣고 새끼가 알 깨는 것을 도와주는 것을 '탁'이라고 한다. 즉 병아리는 깨달음을 향하여 앞으로 나아가는 수행자요, 어미 닭은 수행자에게 깨우침의 방법을 일러주는 스승과도 같다. 쪼는 행위는 안과 밖에서 동시에 일어나야 하는데, 스승이 제자를 깨쳐주는 것도 이와 같다. 줄탁동시의 묘妙는 바로 기다림과 타이밍인 것이다. 이 시점이 일치해야 비로소 진정한 깨달음이 일어난다.

얼마 전 노사문제로 갈등을 겪고 있는 사람이 찾아와 차 한잔을 나눈 적이 있다. 마침 쓰고 있던 '줄탁동시'라는 글 주제를 화제 삼아 이야기를 하게 되었다. 내용을 쉽게 설명해달라기에 농담 삼아 "그러니까 줄탁동시란, 동시에 줄을 '탁' 하고 놓는 거예요" 하고 웃은 적이 있다. 당시 노사문제로 골치를 앓던 그분은 무릎을 탁 치며 "이야! 바로 우리가 배워야 할 이야기네요" 하셨다.

줄탁동시는 두 가지 일이 동시에 행해져야 하는 것과 그 타이밍을 놓쳐서는 안 된다는 뜻을 함께 가지고 있다. 즉 서로 협력해야 한다는 뜻이다. 어쩌면 지금 이 시대, 서로 자기 쪽으로만 당기고 있는 줄에 조금씩 힘을 빼서 동시에 탁 놓아버리면 상생하는 길이 열릴지도 모르겠다.

스님은 스승님의 줄인 말이다. 스승과 제자는 1천 겁을 통해 만나 찰나를 통해 깨달음을 주고받는다. 진정한 스승이란 의식의 변화를 일으켜 삶에 영향을 주는 사람이다. 스승의 가르침은 스미고 번져나가야 자연스럽게 피어난다. 나도 모르게 스승에게 물이 들어 그 스승을 닮아가는 것, 가르침은 그런 것이다.

알고 보면 세상에 스승 아닌 것이 없고, 늘 서로에

게 가르침을 주고 있으니 내가 스승 되지 않음이 없다. 스승과 제자는 서로의 공부를 탁마하고 이끌어주어 마침내 완성에 이르게 된다. 제자가 곧 스승이고 스승이 곧 제자다. 자타불이自他不二다.

· 소리

구월이 오는
소리

9월이다. 더위가 마법처럼 사라진다는 처서도 별로 영험이 없는 요즘, 기상 관측 이래 역대급을 경신하고 있는 폭염의 기세가 아직도 여전하다.

땡볕에 타들어가는 뜨락 옥잠화 잎들이 애처롭다. 꽃봉오리가 비녀를 닮아 '옥비녀꽃'으로 부르기도 하는데, 요즘 꽃망울을 터트리기 시작했다. 꽃 가운데 흰꽃이 더러 있지만 옥잠화처럼 순백의 꽃은 보기 드물다. 그리고 향기는 또 어떠한가. 봄꽃 향기를 대표하는 아카시아와 라일락 향기를 합쳐놓아도 옥잠화의 그윽하고 달콤한 향기에는 미치지 못한다.

유년 시절 우리 초가집 담장 아래 옥잠화가 몇 무더기 있었는데, 이곳 천은사에 부임할 때도 옥잠화가 활짝 피어 맞이해주었다. 내 수행 여정의 힘들었던 순간마다 옥잠화가 곁에 있어 더 정감이 간다.

구월이 오는 소리 다시 들으면

꽃잎이 지는 소리 꽃잎이 피는 소리

가수 패티김이 부른 〈구월의 노래〉 첫 구절이다. '꽃잎이 지는 소리, 꽃잎이 피는 소리……' 가만히 가사를 음미하면 정말 꽃잎이 피고 지는 소리가 들리는 듯하다.

사실, 꽃이 피고 지는 것은 볼 수 있어도 소리를 듣긴 힘들다. 그런데도 이 노래는 가을이 오는 것을 꽃잎이 피는 소리와 지는 소리로 표현했다. 옛 문인들은 난 향기는 맡는 것이 아니고 듣는 것이라 해서 문향聞香이라 했다. 눈에 보이지 않는 향이 사람의 마음에 전하는 이야기를 듣는 것이다.

조선 중기 허균도 천지의 맑은 소리 가운데 심금을 울리는 소리로 매화성梅花聲을 으뜸으로 쳤다. 꽃잎 떨어지는 소리, 낙엽 지는 소리, 난초에 빗물이 떨어지는 소리, 심산유곡 물소리, 바람 소리 등 운치 있는 소리들을 열거한 뒤 사람의 마음을 울리는 가장 감동적인 소리로 매화 향기를 꼽았다.

사람의 감각 가운데 가장 예민하고 끝까지 남아 있는 것이 소리라고 한다. 그래서 혹시 자식들이 부모님 임종을 놓쳤더라도 귀에다 대고 "저 왔어요, 편히 가세요"라고 하면 듣는다고 했다. 인간의 가장 마지막까지 남아 있는 감각은 마음이 고요해야만 들을 수 있다. 꽃이 피고 지는 소리나 사람의 영혼에서 피어나는 소리를 들으려면 마음의 눈을 떠야 한다. 그래야 심향心香을 들을 수 있다.

가끔 휘영청 달이 밝으면 뜨락에 나가 가만히 옥잠화 향기를 들어본다. 글쎄, 난 아직 소리를 들을 수는 없고 코로 전해지는 찐한 향기만 맡을 뿐이다. 아직 수행이 덜 됐나 보다. 보고 듣고 맛보는 감각에 의존해서 살아가는 우리네 삶에 꽃이 전하는 향기를 들으려고 애써보는 그 마음이 필요하다.

요즘 텔레비전만 켜면 온갖 막말들로 눈살이 찌푸려진다. 삿대질에 욕설까지 난무한다. 나의 주장만이 존재하는 꽉 막힌 세상이다. 그럼에도 불구하고 이 나라가 어찌 되지 않고 굴러가는 것이 참으로 신기할 정도다.

소통이 되지 않으면 고통이 따른다. 세상 어느 곳에도 소통이 필요하지 않은 곳은 없다. 그러기 위해 반드시 필요한 것이 경청이다. 경청은 나의 주장을 잠시

내려놓고 상대방의 생각에 마음을 열고 귀 기울이는 것이다. 공감을 하는 것이다. 공감이 되면 공존할 수 있다. 부처님의 귀가 어깨까지 내려올 정도로 큰 것은 중생들의 고통을 다 듣고 보듬어주기 위해서다. 경청으로 소통이 되어 여기저기 막힌 곳들이 시원하게 통했으면 좋겠다.

구월은 여름이 지나가고 가을이 오는 첫 달이다. 계절이 바뀌는 것이다. 유난히 무더웠던 여름이었기에 더욱 기다려지는 계절이다. 그래서 설렘과 희망이 있다. 아마도 폭염만 계속된다면 사람들은 절망에 몸부림칠 것이다. 사람과의 관계도 마찬가지다. 살다 보면 무슨 일이 없겠는가. 아무리 아프고 힘든 순간들도 다 지나간다. 머무르지 않는다. 이제 선선한 바람이 불고 단풍도 물들 것이다. 무언가 새롭게 시작하기 딱 좋은 계절이다.

"어디선가 들리는 듯 당신 생각뿐······."

〈구월의 노래〉 마지막 구절이다. 그대는 살아가면서 가슴에 품고 사는 사람이 있는가? 기쁠 때나 슬플 때나 문득 떠오르는 한 사람, '당신 생각뿐'이라는 이 마지막 구절이 가슴을 엔다.

이 가을, 눈을 감고 마음의 소리에 귀를 기울여보라. 그러면 꽃이 피고 지고 사랑이 오고 가는 소리가 들릴 것이다. 구월이 오는 소리도 들리고 미처 듣지 못하고 스쳐 보낸 행복의 소리도 들릴 것이다.

· 편지

누구라도 그대가 되어
받아주세요

아버님 전상서.

조석으로 바람이 찬데 그간 기체후 일향 만강氣體候 一向 萬康하신지요? 소자는 아버님의 염려 덕분으로 건강하게 공부 열심히 잘하고 있습니다.

무슨 옛날 편지인가 하겠지만 내가 고등학교 객지 유학 시절, 가끔 시골집에 계신 부모님께 드린 안부 편지의 첫 구절이다. 그 무렵에는 소식을 거의 편지로 전하던 때라 격에 맞춰 글을 쓰지 않으면 '배우지 못한 놈'이라는 꼬리표가 따라다녔다. 하니, 편지 첫머리의 '누구누구 전상서'와 '기체후 일향 만강'은 편지 좀 쓴다는 사람들의 기본 옵션이었다.

나는 중학교 때 한문 시간이 즐거웠다. 고사성어에 나오는 영웅들의 이야기와 사자성어에 얽힌 이야기들을 듣고 있자면 역사 속을 종횡무진 여행하는 듯했다. 한문에 관심이 많아 《명심보감》이나 《논어》 등도 자연스럽게 접했다. 이런 책을 한 번쯤 읽어본 사람들은 안다. 거기에 가슴을 울리는 구구절절한 글귀들이 얼마나 많은지…….

좋은 글들을 자주 베껴 쓰다 보니 이걸 써먹질 못해 손이 근질근질했다. 자연스럽게 여기저기 편지를 쓰기 시작했다. 한문은 거의 세로글씨로 되어 있어서 당시 친구들한테도 멋들어진 세로글씨로 편지를 써 보냈는데, 그때마다 감탄과 부러움을 샀다. 요즘도 그

때 그 습관으로 가끔 편지를 쓸 때면 한지에 붓으로 세로글씨를 쓴다.

나는 여행을 가면 나만의 작은 의식을 치른다. 나에게 엽서를 보내는 것이다. 그곳의 명승지나 성지가 담긴 엽서에 그때의 단상이나 혹은 나한테 보내는 탁마, 격려의 내용을 적는다. 몇 해 전 티베트 순례를 갔을 때도 짬을 내어 엽서를 하나 부쳤다. 보통은 몇 주 안에 도착을 하는데, 이 엽서는 까맣게 잊고 있을 무렵 배달이 되었다. 엽서에는 웅장한 포탈라궁의 사진과 '인생의 모든 순간이 결정적인 순간이다'라는 글귀와 미소불이 그려져 있었다. 마치 티베트에 사는 도반한테서 온 엽서처럼 반가웠다.

"비구 동은이여, 그대 지금 간절한가?"

인도 순례를 갔을 때 쓴 엽서다. 발신인을 '붓다로부터'라고 해서, 마치 부처님께서 나한테 직접 글을 써서 경책을 하는 것처럼 한 적도 있다.

해마다 연말이면 연하장을 주고받느라 야단들이다. 대부분 인쇄로 된 엽서들이지만 가끔 손편지로 안부를 묻는 분들도 있다. 그 가운데 가장 인상적인 분이 곤지암에서 전통 가마에 도자기를 굽는 도예가 지헌 김기철 선생이다. 도반의 소개로 알게 되어 교류해 왔는데, 이분은 꼭 손편지로 연하장을 쓰신다. 만약 그 연하장을 받고 손편지로 답장을 쓰지 않으면 예의가 없는 것으로 간주하고 상종을 하지 않으신단다.

수염이 허연 산신령 같은 할아버지의 정성 가득한 편지를 받고 어찌 그냥 넘어갈 수 있겠는가. 덕분에 잊고 지내던 연하장이란 걸 쓰게 되었다. 한지를 길게 펼쳐놓고 오랜만에 붓에 먹을 듬뿍 찍어 일필휘지로 글을 써 내려갔다. 나중에 천은사에 오셨을 때 말씀하시길, 글이 멋져 책상맡에 붙여두었다고 한다.

조금은 억지스럽게 시작한 연하장 쓰기가 이제는 연례행사가 되어, '올해는 어떻게 쓸까' 하고 고민하기

에 이르렀다. 선생님께서 나의 인생을 좀 더 넉넉하게 만들어주신 것이다.

군대 있을 때다. 연말이면 '따블백'에 가득 든 위문편지 받는 재미가 쏠쏠했다. 그중 여고생들한테 오는 위문편지는 단연 인기가 최고였는데 졸병들에겐 차례가 돌아오질 않았다. 초등학교 시절 군인 아저씨께 정성 들여 위문편지를 보냈는데 막상 현장에서는 별로 인기가 없었던 것이다. 문득 요즘도 위문편지를 쓰는지 궁금하다.

지금은 정보화 시대다. 더 빠르게, 더 정확하게, 더 많은 정보를 공유하기 위해 모든 방법을 강구한다. 날마다 안부 문자가 홍수처럼 배달된다. 제대로 읽어볼 틈도 없고, 내용을 봐도 그게 그거다. 빠르나 건조하다. 마음에 울림이 없다. 아마 먼 훗날에는 종이에 펜으로 쓰는 안부 편지는 사라질지도 모른다. 연필에 침을 묻혀가며 또박또박 편지를 쓰던 시절은 이제 기억

속에 화석처럼 굳어져버렸다. 어쩌다 관광지에 가면 사람 키만 한 '느린 우체통'이 있어 겨우 명맥을 이을 정도다.

내겐 손편지 보관함이 있다. 손으로 쓴 귀한 편지들을 따로 보관해두는 함이다. 인쇄되어 보내온 엽서나 편지는 읽고 바로 폐기한다. SNS 여파로 점점 우체통이 사라진다고 한다. 이제 우리 주변에서 빨간 우체통을 구경하기 힘든 날이 올 것이다.

어느덧 가을이다. "가을엔 편지를 하겠어요. 누구라도 그대가 되어 받아주세요……." 가을이면 생각나는 유행가 가사다. 창밖에는 달이 휘영청 밝고, 귀뚜라미가 구슬피 울어댄다. 올가을에는 누구라도 그대가 되어, 잊고 있던 감성에 잉크를 듬뿍 찍어 편지를 한 통 써보는 건 어떨까?

오늘 저녁에는 조용히 마음을 가다듬고 홀로 고향집에서 자식들 걱정에 노심초사하시는 어머니께 안부 편지 한 통 써야겠다. 출가할 때 편지 한 통 남겨두고 온 이후 처음 쓰는 편지다.

어머니 선덕화 보살님 보시옵소서.
그간 기체후 일향 만강하신지요? 저는 보살님의 지극한 염려 기도 덕분으로 수행자의 길을 잘 가고 있습니다.
오늘 문득, 학인 시절 눈물 글썽이며 배웠던 동산양개 화상이 어머니를 떠나며 쓴 편지가 생각났습니다. 모든 출가자의 어머니와 자식 간의 심정이 그러하지 않을까 싶습니다. 이 몸을 낳아 길러주시고 출가사문의 길까지 허락해주신 부모님의 은혜가 가슴에 깊이 사무쳐 아려옵니다.
가까이서 모시지 못하는 이 불효를 용서하시옵소서.
내 비록 당신의 몸 빌려 태어나 이렇게 가도가도 끝없는 길 떠나 있지만, 한시도 부처님의 은혜와 당신의 크신 사랑을 잊은 적이 없나이다. 홀로 가는 이 길이 아무리 외롭고 힘들어도 더 큰 가르침으로 회향하겠나이다.

어찌 당신만이 내 어머니가 될 수 있으리오. 살아가면서 만나는 모든 인연, 내 어머니라 여기고 정성을 다하겠습니다. 그리고 지치고 힘든 사람들의 부모가 되기 위해 더 정진하며 불효의 눈물을 삼키겠나이다. 부디 부처님 말씀 등불 삼아 어두운 길 밝혀나가시고 내내 평안하시옵소서.

· 안경

내가 보는 것이
진실은 아니다

'제 눈에 안경'이라는 말이 있다. 어떤 사물을 바라보거나 판단하는 시각적인 기준을 비유적으로 나타낼 때 쓰는 말이다. 안경이란 것이 그 사람에게만 맞춤형으로 만들어지기 때문에 남이 꼈을 때는 어질어질한 것이 당연하다. 남들이 볼 때 영 안 어울린다 싶은 연인도 눈에 '콩깍지'라는 안경을 쓰면 남들이 어떻게 보든 상관없이 자기들 눈에는 그저 아름답게 보이는 것이다.

나는 출가한 이래로 안경을 쓰고 있다. 학인 시절, 공부를 열심히 한 것도 아닌데 눈이 점점 안 좋아지더니 결국 안경을 쓰게 되었다. 처음에는 흐릿하던 글자를 선명하게 볼 수 있어 좋았지만, 안 쓰던 안경을 쓰자니 불편하고 낯설었다. 잠을 잘 때 안경을 잘못 두어 부러진 적도 있고, 특히 겨울철 기온 차이로 렌즈에 김이 서려 아무것도 안 보일 때의 불편함은 안경을 안 써 본 사람은 모를 것이다.

요즘은 다초점 안경이 인기다. 안경 하나에 난시나 원시 등 여러 가지 기능이 있어 안경을 꼈다 벗었다 하는 번거로움을 해결할 수 있다. 하지만 다양한 초점이 렌즈 하나에 모여 있기 때문에 사용할 때 세심한 기술이 필요하다.

나는 난시라 안경 하나로도 충분했는데, 어느 날 노안이 오면서 돋보기까지 사용하게 되었다. 그런데 책을 볼 땐 돋보기를 끼고 일상생활에선 다시 안경으로 바꿔 끼니 보통 번거로운 것이 아니었다. 결국 호불호가 극명한 다초점 안경을 몇 번 망설이다가 얼마 전에 하나 장만했다. 현대 문명이 어찌나 놀랍던지, 이제 나는 안경 하나로 다각도의 사물을 볼 수 있게 되었다.

'20세기의 기적'이란 칭호를 받는 헬렌 켈러는 세상에 태어난 지 9개월 만에 큰 병을 앓아 볼 수도, 들을 수도, 말을 할 수도 없게 되었다. 어느 날 숲속을 다녀온 친구에게 헬렌 켈러는 무엇을 보았느냐고 물었다. 친구는 특별한 것이 없었다고 말했다. 헬렌 켈러는 이해할 수 없었다. 두 눈을 뜨고 두 귀를 열고도 본 것이 없다니…….

이후 헬렌 켈러는 〈사흘만 볼 수 있다면Three days to see〉이란 제목의 짧을 글을 썼다.《리더스 다이제스트》는 이 글을 '20세기 최고의 수필'로 꼽았다. 그녀가 사흘 동안 그토록 보고 싶었던 것은 다음과 같다.

먼저 첫째 날에는, 손끝으로 만져야만 알 수 있는

선생님의 얼굴을 마음속 깊이 간직한 후 바람에 나풀거리는 아름다운 나뭇잎과 들꽃들 그리고 석양에 빛나는 노을을 보는 것이다. 둘째 날에는, 먼동이 트며 밤이 낮으로 바뀌는 웅장한 기적을 보고 나서, 박물관을 찾아가 인간이 진화해온 궤적을 눈으로 확인한 후 저녁에는 보석 같은 밤하늘의 별들을 바라보는 것이다. 마지막 날에는 일하며 살아가기 위해 출근하는 사람들의 표정을 보고, 오페라하우스와 영화관에 가서 공연을 보고 싶다고 했다.

이것들은 우리가 일상 속에서 별생각 없이 늘 보는 것들이다. 하지만 우리는 그것이 얼마나 놀라운 기적인지 모르고 살아간다. "사람의 가치가 100이라면 그중 눈은 70이다"라는 말이 있다. 그만큼 눈으로 보는 것이 삶에 있어 중요한 역할을 하는 것이다.

우리가 가진 눈은 육안肉眼이다. 중생으로 표현되는 인간의 육신에 갖추어져 있는 감각적인 눈을 말한다. 우리는 이 눈으로 사물의 형태나 빛깔을 구별하며 세상 모든 일에 잣대를 들이댄다. 잘 보이지 않으면 안경이란 도구를 사용하기도 한다. 그러나 이 눈은 종이 한 장만 가려도 사물을 똑바로 보지 못하는 한계를 지닌 눈이다. '보고 있는 이것이 진실'이라고 착각하는 오류를 범할 수 있다.

《어린왕자》를 보면 "중요한 것은 눈에 보이지 않고 마음으로 보아야 한다"는 이야기가 있다. 즉 심안心眼으로 봐야 하는 것이다. 눈으로 볼 수 있는 것이 잘 안 보이면 안경을 쓰면 되지만, 정작 중요한 그 사람의 내면을 보려면 안경만으로는 안 된다. 심안, 즉 마음의 눈으로 보려면 먼저 내 마음의 눈을 떠야 한다.

심안이 감겨 있는데 어떻게 상대방의 마음을 본단 말인가? 그렇다고 마음을 꿰뚫어보는 안경이 나오길 바라는 건 아니다. 호숫가 그림 같은 집도 알고 보면 고뇌가 있듯이, 어쩌면 육안 속에 아름다운 비밀 몇 개

쯤 숨기고 서로의 초점을 살짝 비켜 사는 것이 삶을 좀 더 넉넉하게 사는 지혜일지도 모른다.

부처님의 십대제자十大弟子 가운데 천안제일 아나율 존자가 있는데, 하루는 부처님께서 설법을 하시는데 잠에 취해 깨어나질 못했다. 부처님의 경책에 잠이 깬 아나율은 "지금부터는 몸이 문드러지더라도 결코 여래 앞에서 졸지 않겠습니다"라고 맹세를 하였다. 이후 잠을 자지 않고 뜬 눈으로 정진을 하더니 끝내 눈이 짓물러져 보이지 않게 되었다. 그러던 어느 날 눈앞이 밝아지고 정신이 맑아지는 것을 느꼈다. 더 이상 아픔도 느껴지지 않았다. 그리고 이제껏 눈으로 볼 수 없던 모든 것이 환하게 보였다. 이후 아나율은 선정禪定에 들어 하늘과 땅, 온 우주는 물론 천계와 지옥까지 걸림 없이 볼 수 있게 되었다. 시력까지 잃는 피나는 정진 끝에 육안과 심안을 초월한 천안天眼이 열린 것이다.

옛말에, 누군가의 진실성을 알고자 하면 그 사람

의 눈을 바라보며 이야기하라고 했다. 눈은 거짓을 이야기하지 않기 때문이다. 그 사람의 심리 상태, 이른바 마음이 그대로 나타나기 때문이다. 물론 마음은 눈으로 볼 수가 없다. 그나마 눈을 통해서 들고 나니 마음의 창인 셈이다.

요즘은 안경이 없으면 일상생활조차 할 수 없는 사람이 많다. 가끔 사물을 제대로 보지 못하면 "눈이 네 개나 되는 사람이 그것도 못 보냐?" 하고 편잔을 들을 때가 있다. 그때마다 속으로 "눈이 네 개나 되니까 이 정도라도 본다"며 한마디 하고 싶지만 참는다. 내 나름의 시비 분별이다.

그러나 우리는 모두 저마다 '아상我相'과 '편견'이라는 안경을 쓰고 있는 게 아닐까? 그 안경을 통해 보이는 것만이 진실이라고 단정 짓고 있는 건 아닐까? 렌즈라는 것은 크게 보이기도 하고 작게 보이기도 하며, 흐릿하게 보이기도 하고 겹쳐 보이기도 한다. 중요한 것은 내가 안경을 통해 보지 않아도 진실은 늘 존재한다는 사실이다. 왜냐하면 안경을 쓰든 안 쓰든 꽃은 피고 지고 노을은 눈이 시리도록 아름답기 때문이다.

•꽃

어제는 우화雨花
오늘은 금화今花

세상의 꽃은 모두 아름답다. 저택 정원에서 우아하게 뽐내고 있는 백합이든, 깊은 산중 누가 봐주지 않아도 홀로 핀 들꽃이든 아름답긴 마찬가지다. 왜 아름다운가? 피어 있기 때문이다. 꽃의 생애 가운데서 가장 찬란한 순간, 오직 이 순간을 위해 애쓴 것이 빛을 내고 있기 때문이다.

그러나 알고 보면 싹을 틔워 떡잎을 내밀고 대지에 몸을 맡긴 순간부터 꽃이 아닌 순간은 없었다. 꽃을 피워내기 위해 얼마나 힘들게 비바람 눈서리를 견뎌냈겠는가. 다만 그 모든 과정의 결정체가 꽃으로 드러난 것일 뿐이다.

꽃을 볼 때는 생애 전부를 볼 수 있어야 한다. 처음 싹을 틔울 때부터 꽃이 피고 져 마침내 처음 왔던 곳으로 돌아가기까지 전 과정을 말이다. 그리하면 꽃 한 송이가 필 때 우주도 같이 피어나는 도리를 알게 될 것이다.

세상 모든 일에는 저마다 사연이 있다. 결코 혼자서 이루어지는 것은 없다. 이것이 있으므로 저것이 있고, 이것이 없어지면 저것도 없어진다. 우리네 삶도 마찬가지다. 살아가면서 수많은 인연의 도움이 있어야 마침내 아름다운 꽃을 피울 수 있다.

가끔 잊고 있던 추억이 소환될 때가 있다. 길 가다가 음악다방에서 틀어놓은 흘러간 유행가에서 잊고 지내던 친구가 떠오르기도 하고, 명상 삼매에 들었다

가 오래전 돈 떼먹고 도망간 동료가 생각나기도 한다. 또 꽃샘추위에도 짙은 향기로 봄소식을 알려주는 프리지어는 졸업식 때 받은 꽃다발을 떠올리게 하고, 꽃집 앞 진열장에 놓인 꽃바구니 앞에서 프러포즈할 때 수줍어하던 아내의 미소가 소환되기도 한다.

꽃을 소환한다는 것은 곧 추억을 불러들이는 일이다. 나에게는 유년 시절을 소환하는 꽃이 있다. 오월이면 법당 앞 화단에서 자주색으로 화사하게 피는 달개비가 바로 그렇다. 달개비는 고향집 장독간 한쪽을 떡하니 차지하고 마치 장독들과 친구처럼 어울렸다. 어쩌면 달개비꽃들의 수다로 장이 더 맛있었는지도 모른다. 한 가지 더 있다. 초가집 동쪽 건너편에 있는 '의령 남씨' 재실 울타리에 가득 핀 벚꽃이다. 지금도 벚꽃만 보면 그 시절로 데려다주는 타임머신을 탄 듯해 신기할 따름이다.

살다 보면 꽃을 소환하고 싶어질 때가 있다. 아름

다운 소환일 때야 문제가 없다. 사람은 추억을 먹고 산다고 하지 않는가? 그런데 선물한 꽃을 돌려받고 싶다면 좀 곤란하다. 본전 생각이 나니 아예 물려달라는 것이다. 준 꽃은 돌려받기도 힘들거니와 한번 흘러간 시간을 되돌린다는 것은 불가능하다.

꽃을 줄 때 마음은 아름답다. 사랑이 불타오를 때는 세상에서 제일 아름다운 꽃들로 고백을 한다. 그러나 그 마음이란 것이 묘하다. 시시각각 변하다가 어느 날 갑자기 시들해진다. 마치 꽃이 시들어버리듯이 말이다. 벌써 흘러간 순간이 되어버리는 것이다. 사랑이 식었다는 둥, 내게 어떻게 이럴 수가 있냐는 둥 하는 것은 뭘 몰라서 하는 소리다.《금강경》에도 '과거심도 불가득이요, 미래심도 불가득이라過去心不可得 未來心不可得' 했는네, 어떻게 마음이 늘 그 자리에 머물러 있을 수 있겠는가.

그러고 보면 꽃을 소환한다는 것은 별 의미가 없

다. 피기 전의 꽃봉오리와 활짝 핀 꽃, 그리고 시들어 가는 꽃과 져버린 꽃이 있을 뿐이다. 모두가 꽃이지만 돌아보면 다 소환 대상이다. 실체도 없는 마음이란 놈이 소환장을 내밀고 있을 뿐이다.

'황금'이란 꽃이 지나간 시간이라면, '지금'이란 꽃은 내가 얼마든지 쓸 수 있는 금이다. 살다가 문득 마음을 담아 누군가에게 준 꽃을 소환하고 싶을 때는 잘 생각해야 한다. 언젠가 '지금'이라는 꽃도 다시 소환될 가능성이 크기 때문이다. 이는 인생을 꽃피우기 위해 온 정성으로 살아온 아름다운 내 삶을 부정하는 것이나 다름없다. 지금 돌아보니 안타깝고 아쉬울 따름이지만 그 순간순간들이 모두 내 인생의 꽃봉오리였던 것이다.

가을은 대지가 만물을 소환하는 계절이다. 봄에 내보냈던 생명을 거두어들이는 시기다. 뜨락에는 떨어진 꽃잎이 마치 한 폭의 수채화를 그려놓은 듯하다. 꽃이 져야 씨앗이 생긴다. 꽃이 아름다움만 자랑하느라 지기를 거부한다면 진정한 꽃이라고 할 수 없다. 위대한 포기, 대지의 소환에 온전히 자신을 내던져야 한다. 꽃을 소환한 그 자리에 비로소 열매가 맺기 때문이다.

세상 모든 기쁜 일과 슬픈 일에는 항상 꽃이 존재한다. 꽃이란 곧 기쁨과 슬픔의 상징이다. 물론 그러거나 말거나 대부분의 꽃은 산과 들에 고고하게 피었다가 한생을 멋지게 살다 간다. 운명이 소환하고 부처님께서 거두신 내 인생의 꽃은 그때는 우화雨花였고, 지금은 금화今花다. 그때는 쓰디썼는데 알고 보니 뒤 끝이 달았다. 마치 진한 에스프레소 커피처럼 말이다.

이제 나의 뜨락은 '우화'와 '금화'가 어우러진 꽃들로 다채롭다. 그래서 내 삶의 소환지는 '지금 이곳, 함께 행복'이란 아름다운 꽃밭이다.

· 볼펜

가난한 볼펜, 만년필을 품다

만년필이라, 참으로 오랜만에 들어보는 단어다. 만년필이란 말만 들어도 왠지 가슴이 설레며 아련한 추억 속으로 빨려 들어가는 듯하다.

   요즘은 하도 필기구들이 많아 만년필이란 것을 구경조차 못 한 학생들도 있을 것이다. 가장 많이 썼던 볼펜도 예전에는 쓸 때마다 찌꺼기가 묻어나와 옆에 따로 똥(?) 닦는 종이를 두어야 했다. 이제는 글을 쓸 때도 종이가 아닌 컴퓨터 자판을 두드려 써서 기계 속에다 저장하는 시대가 되었다. 맘대로 썼다가 지우고 손가락 한번 까딱하면 복사해서 옮기기도 하니 이 얼마나 편리한 도구인가. 문명의 이기에 밀려 손으로 쓰는 필기구는 점차 사라져가는 추세다.

    내가 초등학교에 다닐 때는 연필을 썼다. 육각 모양의 연필을 살살 조심해서 깎으면 향나무 냄새가 솔솔 나는 나무속에 까만 심이 드러났다. 부잣집 애들은 연필을 넣고 돌리기만 하면 자동으로 깎이는 연필깎이도 가지고 다녔다. 그곳에 들어갔다 나오기만 하면 어찌나 매끈한 몸매가 되어 나오는지 신기할 따름이었다. 고학년이 됐을 무렵, 연필을 깎지 않아도 머리만 꾹꾹 누르면 가느다란 심이 조금씩 나오는 자동연필이 나왔다. 단연 인기가 최고였다. 아이들이 연필을 쓰는 이유는 글씨를 잘못 써도 지우기가 쉽기 때문이다. 필기구도 어떤 것을 쓰느냐에 따라 책임이 따르는 것이다.

중학교에 들어갈 때쯤 최고의 진학 선물은 만년필이었다. 그때는 '파카'나 '워터맨', '몽블랑' 같은 외제는 비싸서 엄두도 못 내었고, 그나마 '파이롯트'나 '아피스' 등이 인기였다. 나는 조그만 잉크병에 스펀지를 넣어 꾹꾹 찍어 쓰는 철필을 썼다. 어쩌다 펜대가 부러지기라도 하면 볼펜대에 펜촉을 끼워 사용하기도 했다.

나의 첫 만년필의 꿈은 고등학교 올라가면서 이루어졌다. 유명 브랜드는 아니었지만 드디어 만년필을 가졌다는 기쁨에 며칠 동안 가슴이 설레 잠을 설쳤던 기억이 있다. 한번 잉크를 주입하면 술술 잘도 써지는 만년필. 은은하게 묻어나오는 잉크 향을 맡으며 글을 쓴다는 것은 행복 그 자체였다.

어느 날 유난히 나를 챙겨주시던 담임선생님이 방과 후에 교무실로 불렀다. '내가 무엇을 잘못했나?' 잔뜩 긴장하고 있는데, 그 시절 꽤 비싼 두꺼운 대학 노트를 펼치시고는 만년필을 꺼내셨다. 그리고 속표지에 이렇게 쓰셨다. "많은 훌륭한 사람들이 학창 시절 힘들게 공부를 했단다. 상진이도 꼭 그렇게 되길 바란다. 생일을 축하하며 선생님이……."

그 시절 객지에서 어렵게 자취 생활하며 공부하고 있던 나의 가정환경을 잘 아시고 일부러 선물을 준비해주신 것이다. 눈물이 핑 돌았다. 학창 시절 많은 선생님이 계셨지만 내게 가장 많은 영향을 주신 선생님은 바로 그분이다. 선생님께서 쓰시던 꽁지가 하얀 만년필. 나는 그때부터 선생님처럼 훌륭한 사람이 되어 저런 멋진 만년필을 가슴에 꽂고 다니리라는 꿈을 갖게 되었다. 나중에 알게 된 사실이지만, 그 만년필은 학생이 가지기에는 너무 비싼 '몽블랑'이란 만년필이었다.

그 후 시절 인연 따라 이런저런 만년필을 사용해봤으나 늘 머리에 하얀 별을 이고 있는 '선생님의 몽블

랑' 만년필 하나 갖는 게 꿈이었다. 그 꿈은 출가한 후에 이루어졌다. 해인사 학인 시절, 몇 년의 용돈을 모아 드디어 그 몽블랑 만년필을 샀다. 그나마 싼 것이 30만 원 정도였다. 길쭉하게 생긴 특이한 보충용 잉크 한 병을 보란 듯이 책상 위에 올려놓고 처음 글을 쓰던 감격을 잊지 못한다. 딱히 글 쓸 일이 없어도, 늘 호주머니에 넣고 다니기만 해도 왠지 시상이 절로 떠오를 것 같은 몽블랑 만년필. 꽁지에 마크처럼 붙어 있는 하얀 별은 상류사회의 상징이려니 했는데, 몽블랑 산 위의 녹지 않는 만년설을 상징한다는 걸 뒤늦게야 알았다. 그러니까 만년이 지나도 가슴에서 녹지 않고 강물이 되어 흐르는 글을 써야 하는데, 아직 나는 그 만년필을 쓸 자격이 부족하다.

지금도 걸망에 넣어 다니긴 하나 가끔 원고 청탁을 받거나 시를 쓸 때 원고지를 펼쳐놓고 사용할 뿐 보통 땐 잘 사용하지 않는다. 얼마 전 만행 중에 짐을 정리하다가 걸망 한구석에서 파란 실로 짠 옷을 입고 있는 그 만년필을 발견했다. 문득, 학인 시절의 아련한 추억과 한때 문학을 향한 열정이 있었던 때를 돌아보며 가만히 어루만져보았다. 지난번 거리에서 우연히 만난 지인이 연락처를 묻기에 만년필을 꺼내 주소를 적어 줬더니 아주 신기하게 쳐다보며, "이야~ 요즘도 만년필 쓰는 사람이 다 있네" 하며 놀라워했다.

잘 쓰지도 않는 만년필을 아직도 걸망 속에 품고 다니는 것은 이유가 있다. 힘들게 공부하던 시절 지남指南이 되어주신 선생님의 마음을 잊지 않기 위해서다. 또 학인 시절 그 풋풋했던 초심을 간직하기 위해서다. 가끔 노을 지는 언덕에 앉아 내 삶의 단상들을 수첩에 기록하는 것은 덤이다.

어떤 필기구도 대신할 수 없는 만년필만의 촉감이 있다. 종이에 닿을 때마다 서걱이는 거친 느낌이 참 좋다. 볼펜은 결코 흉내를 낼 수가 없다. 변화하는 시대에 따라 나도 이제 웬만한 글들은 컴퓨터 자판으로 쓰긴 하지만, 손글씨로 한 글자 한 글자 영혼에 각인하는 글들을 따라갈 수는 없다.

일전에 컴퓨터가 바이러스에 감염돼 저장되어 있던 모든 글이 다 날아갔다. 연재하던 초고들을 틈틈이 모아두었는데 그것들도 모두 사라졌다. 그때의 절망감이란 이루 말할 수 없다. 수시로 백업을 해두었어야 하는데 차일피일 미루다가 결국 큰일이 터지고 만 것이다. 세상의 편리함에 젖어 기본을 잊어버린 과보다.

다시 한 번 뼈저린 후회를 하며 절대 잃어버리면 안 될 글들은 만년필로 적어 보관하기로 다짐했다. 아무리 시대가 바뀌어도 역시 종이에 쓴 글이라야 마음이 놓인다. 오늘 밤은 오랫동안 가슴에 품고 있던 만년필을 꺼내 영혼 한구석에 고이 저장되어 있는 파란 잉크를 가득 넣어 다 마를 때까지 아름다운 삶의 노래를 쓰고 싶다.

· 출퇴근

스쳐간 일상에
부처 아님이 없다

출가수행자에게 '출퇴근'이라는 말은 좀 어색하다. 서울 총무원에서 소임 보는 '수도승首都僧' 스님들이야 출퇴근하는 것이 당연하지만, 강원도 산골 주지가 출퇴근한다는 것은 어째 이상하다. 엎어지면 코 닿을 데가 종무소이다 보니 굳이 이름을 붙이자면 '재택근무'인 셈이다.

오래전 월정사에서 단기출가학교장 소임을 볼 때는 몇 년 동안 영월에 있는 작은 암자 금몽암에서 출퇴근을 한 적이 있다. 서강에서 평창강으로 이어지는 그 길은 가히 환상적인 드라이브 코스였다. 그 길 위에서 꽃비 흩날리는 봄을 맞았고, 황금빛 자작나무 잎들이 반짝이는 가을이 몇 번 지나갔다. 아무리 생각해도 그렇게 아름다운 출퇴근길은 내 인생에 다시는 없을 것이다.

지금은 출근길이 불과 100미터도 안 된다. 그래도 출근은 출근이다. 그런데 얼마 되지 않는 그 길 위에서도 사바세계의 온갖 일들이 존재한다. 출근(?) 시간이 되면 방문을 나서 앞산 검은 봉우리를 바라보며 인사를 건넨다. 서산대사가 이곳에 머무실 때 검은 산을 보고 '흑악사黑岳寺'라고 이름 지으신 그 봉우리다. 그 오랜 세월 도량을 굽어보며 신장 역할을 하셨을 게다.

마당을 지나 정원으로 들어서면 커다란 자목련 나무가 반긴다. 목련불佛이다. 목련꽃이 만개할 즈음 출근길은 꽃길이 된다. 법당에서 몇백 년 동안 앉아 있는 우리 부처님이 그냥 가만히 앉아만 있는 것이 아니다. 봄이 되면 목련꽃으로 화현해서 중생들에게 기쁨을 주고, 가을에는 단풍잎으로 변신해서 중생을 제도하신다. 천수천안관세음보살이나 천백억화신 석가모니불이 왜 생겨났겠는가? 중생들이 살아가는 모든 곳에서 그들이 필요로 하는 대상이 되어 아픈 상처를 보듬어주고 삶의 희망이 되어주기 위함이다. 때론 자목련으로, 때론 단풍잎으로, 때론 찬란한 일출로, 때론 아름다운 노을로……

목련불을 지나면 모과나무가 기다리고 있다. 누가 못생긴 사람을 보고 모과같이 생겼다고 했는가? 천만의 말씀이다. 가을에 잘 익어 땅에 떨어진 노란 모과의 향기를 맡아보라. 천상의 향기가 난다. 가을이면 이 모과불佛 몇 분을 차 안에 모셔 겨울이 올 때까지 향기로운 법문을 청해 듣는다.

이어 신우대로 만든 사립문을 나서면 바로 범종각

이다. 부처님이야 팔만사천법문으로 중생을 제도하시지만, 그래도 큰 소리로 시원하게 울림을 주는 것은 역시 범종불佛이 제일이다. 범종 한 방이면 온 산천이 이 소리에 귀를 기울이며 조용해진다.

종각을 지나면 바로 계단이 나온다. 몇 개 되지 않는 계단이지만 평소 운동이라곤 숨쉬기운동밖에 하지 않는 나에게 운동을 시켜주기 위해서 대기하고 계신 계단불佛이시다. 감사한 마음으로 부처님의 가르침을 따를 수밖에 없다. 근기가 약한 중생에겐 때론 야단을 쳐서라도 바른길로 이끄시는 것이다.

계단을 올라가면 불두화나무가 있는 화단이 보인다. 수국과 비슷한데 꽃 모양이 부처님 머리를 닮았다고 해서 붙여진 이름이다. 꽃도 알맞게 부처님오신날쯤 피어 봉축 분위기를 돋운다. 봄에는 이 나무에 부처님이 주렁주렁 나투신다.

화단을 지나 누각에 올라서면 법당이 나온다. 직장

인이라면 사장님과 상사들에게 출근 인사를 드려야겠지만, 나는 부처님께 인사드리고 종무소 문을 연다. 하루에 몇 통 걸려오는 전화와 가끔 등산로를 묻는 길손들 말고는 거의 업무 볼 일이 없다. 창밖으로 바람에 흔들리는 수수꽃다리 잎을 보다가, 문 앞에 와서 뭐 먹을 것 없냐며 애처로운 눈빛 몇 번 깜박이는 다람쥐와 눈 맞추다가, 꾸벅꾸벅 졸다 보면 어느새 퇴근 시간이다. 이렇게 아름다운 사무실에서 부처님 일을 하고 있는 나는 얼마나 행복한가.

도시인들의 삶은 출퇴근과의 전쟁이다. 만행 다니다가 그 시간에 지하철을 타면 거의 아수라장이다. 빳빳이 풀 먹인 무명 두루마기에 걸망을 메고 서 있으면 이 사람이 툭 치고, 저 사람이 건드려서 가만히 서 있기도 힘들다. 세상 사람들은 이렇게들 바쁘고 힘들게 살아가고 있다니. 무한 생존경쟁에서 살아남기 위해 얼굴들은 지치고 힘들어 짜증스럽게 일그러져 있다.

그들에게 지금 당신 곁의 사람이 부처님이라고 말하면 피식 웃을 것이다. 내 영혼 속에 잠자고 있는 부처의 씨앗이 싹트지 않으면 설사 내 앞에 부처님이 나타나신다 해도 믿지 않을 것이다.

신라 자장율사가 나이가 들어 정선에 정암사를 짓고 문수보살을 친견하기 위해 기도를 하고 있었다. 하루는 어떤 사람이 죽은 개를 망태기에 메고 거지 차림으로 왔기에 미친 사람이라 생각하고 만나주지 않았다. 이에 거지가 문수보살로 변하여 "아상我相을 가진 자가 어찌 나를 볼 수 있으리오" 하면서 망태기를 뒤집자 죽은 개가 푸른 사자보좌獅子寶座로 변하였고, 보살은 그 보좌에 앉아 빛을 내면서 사라졌다. 자장율사가 급히 따라갔지만 이미 문수보살은 사라진 뒤였다.

영화 〈어바웃 타임〉을 보면 행복을 위한 2단계 공식이 나온다. 첫 번째는 일단 평범한 삶을 사는 것이다. 두 번째는 전날과 거의 똑같이 하루를 사는 것이다. 처음에는 긴장과 걱정 때문에 볼 수 없었던 세상의 아름다움을 두 번째 살면서는 제대로 느끼면서 말이다. 어쩌면 우리는 오늘을 살기 위해 미래에서 시간여행을 하러 왔는지도 모른다. 그러니까 미래에 살다가 문득 지난날 아쉬웠던 순간을 다시 살아보기 위해 오늘을 살고 있는지 어찌 알겠는가?

그러면 어떻게 살아야 하는가. 나도 먹고살기 힘들어 죽겠는데 도움 청하는 사람들을 바쁘다는 핑계로 내 알 바 아니라며 내쳤던 그들이, 다시 생각해보니 결국 나를 살리기 위해 찾아온 부처님이었음을 깨닫는다. 결국 그때 그들의 소리를 들을 줄 알아야 했던 것이다. 그때 적선을 해서 공덕을 지어야 했던 것이다. 그러니까 먼 훗날 후회하지 말고 지금 이 순간 실수하지 않으면 되는 것이다.

부처님은 그윽한 산사 법당에만 계시는 것이 아니다. 지하철 계단에서 구걸하는 거지가 오늘 내게 공덕을 짓게 하는 부처로 화현해서 나타날 수도 있다. 출근길에 인사한 모든 사람이 부처님이고, 퇴근길 무심히 스쳐간 일상에 부처 아님이 없다.

우주에 존재하는 모든 것에는 불성佛性이 있다. 중생공양衆生供養이 제불공양諸佛供養이다. 부처를 멀리서 찾지 마라. 지금 내 곁에 있는 그 사람이 바로 부처님이다.

노년

늙어가는 것에 대하여

"삶이 진행되는 동안은 삶의 의미를 확정할 수 없기에 죽음은 반드시 필요하다."

이탈리아 영화감독 피에르 파올로 파졸리니(1922~1975)가 한 말이다. 죽음이 있기에 삶이 더욱 소중하다는 것을 극명하게 표현한 말이다. 결국 산다는 것은 늙어가는 것이다.

며칠 전 한 신도님이 와서 상담을 청했다. 홀로 친정어머니를 모시고 사는데 몇 년 전 치매에 걸렸다고 했다. 나름 봉양한다고 애를 썼지만 생계를 유지하며 틈틈이 간병하기에는 너무 힘에 부쳐 하는 수 없이 지역에 있는 요양원에 모셨단다.

그런데 그날부터 신도님은 잠을 이룰 수가 없었다. 몸은 전보다 편해졌지만 어쩐지 어머니를 요양원에 버려두고 온 것 같은 죄책감에 잠을 잘 수가 없었던 것이다. 한동안 고민하다가 힘들어도 집에서 시봉하는 것이 맘 편할 것 같아 어머니를 다시 모셔왔단다. 그런데 이제는 신도님이 지치고 힘들어 몸도 마음도 점점 병들어가고 있었다. 어머니를 모셔야 한다는 인륜과, 나도 어쩔 수 없이 살아야 되지 않겠나 하는 이기심 가운데서 갈등하며 고통 받고 있었다. 참으로 난감한 상황이었다.

신도님의 말씀을 다 듣고 난 후 조심스럽게 이야기를 꺼냈다.

"보살님, 얼마나 힘이 드세요? 말씀을 듣고 나니 보

살님은 어머니께 할 도리를 다하신 것 같습니다. 그래도 어머니 간병 때문에 보살님의 삶까지 포기할 순 없지 않습니까? 이제 그만 요양원으로 다시 모시는 것이 좋을 듯합니다. 요즘 요양원도 시설이 잘되어 있어서 보살님께서 모시는 것보다 더 나을 수도 있습니다. 어쩌면 어머니께서도 그리해주길 바랄지도 모릅니다."

"정말 그래도 될까요?" 신도님이 눈물을 닦으며 말했다.

"네, 그리하십시오. 그리고 어머니가 여생을 편히 보낼 수 있도록 자주 찾아뵙고 잘 챙겨드리면 됩니다."

겨우 기운을 차리고 산을 내려가는 신도님의 뒷모습이 휘청거렸다. 산그늘 내리는 동짓달 차가운 바람이 도량을 한 바퀴 휩쓸고 지나갔다.

절 가까운 곳에 수행하는 공동체가 있다. 사부대중이 모여서 수행을 하는 곳인데, 언젠가 지도하는 스님께 수행의 목적을 여쭌 적이 있다. 스님의 대답은 간단했다.

"잘 죽기 위해서 수행합니다."

'깨달음'이니 '중생구제'니, 이런 거창한 대답을 기대했던 나는 내심 놀랐다. 잘 죽기 위해서 수행한다니…….

그러나 곰곰 생각해보니 정말 맞는 말씀이었다. '잘 죽기 위해서'는 잘 살아야 한다. 잘 살기 위해서는 몸과 마음을 바르게 하여 건강하고 행복한 삶을 살아야 하는 전제가 따른다. 수행자가 먼저 건강하고 행복해야 그 가르침을 신도들께도 잘 전할 수 있지 않겠는가. 평소 엉망으로 사는 사람이 잘 늙고 잘 죽을 수는 없다. 어찌 보면 우리 인생은 '어떻게 하면 잘 죽을까?' 하고 아등바등 사는 것인지도 모른다.

요즘 같은 장수 시대에 병원 침대에 누워 몸 여기저기 호스를 꽂고, 자기가 살아 있는 줄도 모르고 기계로 숨만 쉬고 있다면 본인은 물론 가족들 삶까지 산지

옥이 될 수 있다.

어르신들이 입버릇처럼 하는 이야기가 있다. "저녁 잘 먹고 잠자듯이 죽었으면 좋겠다"는 말씀이다. 그렇게 하고 싶지 않은 사람이 어디 있겠는가. 조사 어록에도 보면, 크게 깨달은 도인들이나 앉아서 죽고 서서 가기도 하지만 범부들에게는 늙음과 죽음이 두려움의 대상인 것만은 분명하다.

왜 두려운가? 삶에 집착하여 늙기를 싫어하고 병들어 죽는 것을 받아들이지 못하기 때문이다. 만약 사람이 늙고 죽지 않는다면 어떻게 되겠는가? 아마 세상은 대혼란에 빠질 것이다. 죽음을 '선물'로 생각하고 삶을 살아갈 때 비로소 늙어감도 아름답게 받아들일 수가 있다.

일전에 도자기를 구우며 사는 지인이 가까운 곳에 있어 찻잔도 살 겸 해서 찾아갔다. 트럭에 살림살이를 싣고 유목민처럼 떠돌다가 아예 그곳에 정착하셨단다. 새댁 같은 부인은 얼굴이 창백하여 환자처럼 보였는데 그런 내 마음을 알아차렸는지 "스님, 제가 좀 아파 보이지요? 사실 전 언제 죽을지 몰라요. 그래서 제가 죽으면 화장해서 이 화단에 거름으로 뿌려달라고 했어요. 꽃밭이 참 예쁘지요?" 하며 아무렇지도 않게 말했다. 사람 하나 누울 정도의 작은 꽃밭에는 채송화며 봉숭아, 과꽃이 가득 피어 있었다. 꽃잎을 만지며 웃는 그 보살님의 얼굴에도 환하게 꽃이 피었다. 잠시 가슴이 먹먹했다. 이렇게 아름답게 죽음을 준비하고 있는 분도 있구나 싶었다.

고든 리빙스턴이 쓴 《너무 일찍 나이 들어버린, 너무 늦게 깨달아버린》이란 책에 '너무 늦기 전에 지금 알아야 할 인생의 진실 30가지'라는 글이 있다. 그 가운데 스물일곱 번째 진실에 이런 내용이 있다.

인생의 마지막 의무는 아름다운 노년을 준비하는 것

이다. 외로운 노년을 자식에게 기대려는 것은 더 이상 환영받지 못한다. 노년의 상실감을 품위와 의지로 견뎌내는 것이야말로 우리가 마지막으로 용감해질 수 있는 기회다.

그렇다. 늙음은 피할 수 없다. 주름살과 흰머리도 당연하게 받아들여야 한다. 늙어도 아름답게 잘 늙어가야 한다.

생사를 초월한 듯이 사는 스님들도 인간의 몸을 받은 이상 늙고 병들어 죽게 마련이다. 초학 시절, 노스님들이 병에 걸려 고생하시는 것을 본 적이 있다. 처음 그 모습을 봤을 때는 충격을 받았다. '아니, 스님들이 어떻게 저리 아플 수가 있지? 성불은 못하더라도 앉아서 열반에 들 정도는 되어야 하는 것 아닌가?' 하고 생각했다. 참으로 바보 같은 생각이었다.

스님들도 이슬이 아닌 밥을 먹어야 살 수 있다. 평

소에도 시원찮은 몸으로 병치레가 잦은 나는, 나이가 들고 아픈 곳이 자꾸 늘면서 더욱더 육신의 한계를 절감하게 된다. '좌탈입망坐脫立亡'은 고사하고 잘 늙어가기도 힘겨운, 그냥 '사람'이었던 것이다.

우리 산하에는 아름답고 고결하게 늙어가는 수행자가 많이 있다. 내가 사는 천은사에 봄가을 두 번 만행 오는 팔순 노스님이 계신다. 정선 토굴에서 아직도 장작으로 군불 때며 걸망 메고 걸어다니시는데, 얼굴에 핀 주름꽃이 그리 고우실 수가 없다. 평생을 맑고 가난하게 살아가는 수행자야말로 산중에 핀 가장 아름다운 꽃이다.

꽃처럼 늙어가는 삶, 져야 할 때 미련 없이 떨구는 꽃잎 같은 삶, 그리하여 몸을 바꿀 때 이웃집 소풍 가듯이 갈 수 있다면 우리네 삶은 한 송이 아름다운 꽃과 같을 것이다.

마치며

'인생 호흡'의 타이밍

삶이 끝난 듯했다. 더 이상 나아갈 길이 보이지 않았다. 막다른 길에서 벽을 뒤에 두고 무섭게 쫓아오던 '운명'이란 놈에게 소리쳤다.

"야! 덤벼!"

멈추면 잡힐 것 같아서, 잡히면 죽을 것 같아서 앞만 보고 달렸는데, 문득 걸음을 멈추고 돌아서니 열심히 따라오던 운명이란 놈도 멈칫 놀라 섰다. 죽음이란 끝자락에서 삶에 대한 집착을 내려놓고 보니 '출가수행'이라는 또 다른 시작이 앞에 펼쳐졌다.

전생의 인연인가 했다. 낯선 절집 생활이 차츰 적응되어, 마치 오랫동안 해온 일처럼 익숙해진 내 모습에 '이곳이 바로 내가 살 곳이구나' 하는 생각이 들었다. 인생이 곧 끝날 것 같았던 두려움의 실체는, 막상 그 끝자리에서 넘어져 이마가 깨진 뒤에야 알게 되었다. 떨어지면 그것으로 끝나는 줄 알고 목숨처럼 밧줄을 붙들고 살았는데, '탁!' 놓고 나니 어머니 품 같은 대지가 나를 받쳐주고 있었다.

아픔은 견딜 만했다. 종기는 터져야 새살이 돋아나는 법. 툭툭 털고 일어났다. 오대산 월정사 부처님께서는 마치 기다렸다는 듯이 '다시 시작'이란 선물을 주셨다.

시내 고등학교에서 국어를 가르치는 소설가 선생님이 퇴직을 앞두고 차 한잔하러 오셨다. 당신의 살아온 삶을 담담하게 이야기하시더니, 이제 다시 인생을 시작하는 마음으로 걸어서 전국 해안도로 일주를 하고 싶다고 하셨다. 나는 박수 치며 격려했다. "제가 도보로 전국 일주한다고 하니 모두 말렸는데 스님 한 분만 이렇게 지지를 해주시네요. 고맙습니다."

이분이야말로 인생 2막을 제대로 시작할 준비가 된 듯했다. 은퇴는 영어로 '리타이어Retire'다. 타이어를 새로 갈아 끼운다는 의미다. 고단한 인생길을 달려오면서 닳고 닳은 타이어를 다시 바꿔 끼우고 새롭게 출발하라는 뜻이다.

가끔 초등학교 때 부른 〈졸업식 노래〉를 들으면 옛 추억이 소환된다. "빛나는 졸업장을 타신 언니께 꽃다발을 한 아름 선사합니다~" "잘 있거라 아우들아 정든 교실아 선생님 저희들은 물러갑니다~" 까마득한 시간이 흘렀다. 다시는 못 볼 것 같은 이별의 슬픔에 〈졸업식 노래〉도 제대로 부르지 못하고 훌쩍였는데, 이젠 친구들 얼굴도 생각이 나질 않는다. 중학교에 가는 게

뭐라고. 졸업은 곧 입학으로 이어지고, 또다시 졸업과 입학이다.

졸업식을 보통 '그래쥬에이션Graduation'이라고 하지만, '커먼스먼트Commencement'라고도 한다. '시작, 처음'이라는 뜻이다. 졸업이 끝이 아닌 새로운 시작이라는 것이다. 그렇게 끝과 시작을 반복하면서 아이는 어른이 되고, 또 그렇게 늙어간다.

젊은 날, 서울에서 《월간 해인》 편집장을 맡아 수도승首都僧 노릇을 한 적이 있다. 깜냥도 안 되었지만, 그달 치 원고 마감과 함께 무섭게 다음 달 주제 선정과 필자 섭외, 원고 청탁까지…… 도대체 쉴 시간이 없었다. 늘 긴장의 연속이었다. 월간지도 이 정도인데 매일 찍어내는 신문사는 도대체 어떨까 싶었다.

어느 날 문득, 이러다가는 내가 지쳐 더 이상 일을 못 할 것 같은 생각이 들었다. 아무리 시작도 끝도 없이 돌아가는 삶이지만 한 걸음, 한 호흡씩 쉬어가며 정리할 마디가 필요했다. 그래서 꾀를 냈다. '끝냄'과 '시작'을 구분 지어줄 나름의 방법을 찾았다.

매달 편집실에 마감 원고를 넘기고 나면 바로 서해로 바다를 보러갔다. 일이 일찍 끝날 때는 강화 보문사까지 갔다. 그곳에서 노을을 보며 차 한잔을 해야 비로소 한 호흡이 끝이 났다. 들이쉰 숨을 내쉬지 못하면 죽는다. '인생 호흡'의 시작과 끝마디를 놓쳐선 안 된다. 대나무도 마디가 촘촘해야 튼튼하다. 살을 에는 찬바람과 영혼을 뒤흔드는 상처들이 결국 내 인생을 넉넉하게 하는 마디가 된다.

불교의 여러 가르침 가운데 '윤회사상'이 있다. 살아가면서 지은 선악의 정도에 따라 다음 생에 영향을 미치는 것이다. 인因이 연緣이 되고, 연이 다시 인이 된다. 윤회라는 것이 별건가? 생사의 고통에서 벗어나지 못하고 고락苦樂을 반복하다가 여기서 인연이 다하면 다른 인연으로 시작하는 것이다. 어제의 인연으로 오늘을 살고, 오늘 지은 공덕이 내일로 연결된다. 인연과보因緣果報를 지금 받는 동시에 씨앗을 심고 있는 셈이다. 산다는 것은 매 순간 끝이면서 시작이니, 오직 이 순간만이 존재할 뿐이다.

그대, 지금 삶이 힘들고 고단한가? 끝이 보이지 않는 고통 속에서 절망하고 있는가? 절망의 끝에 너무 오래 머무르지 말라. 마주 오는 역풍도 돌아서면 순풍이다. 저녁노을이 가슴 시리도록 아름답지만 아침노을은 더욱 찬란하다. 눈서리를 견딘 매화 향기가 코를 찌르듯이, 삶에 간난艱難이란 마디가 하나씩 늘어날 때마다 '그대'라는 꽃은 더욱 향기롭게 피어날 것이다. 꽃이 진다고 서러워 마라. 꽃이 져야 열매를 맺고, 그 열매가 떨어져야 다시 새싹이 돋는다.

아픔의 끝에서 절망을 경험한 당신, 한참을 망설이다 내딛는 서투른 걸음의 당신에게 이 아침, 따뜻한 차 한잔을 건네고 싶다. 그렇게 다시 시작이다.

꽃비 오니
봄날이다

초판 1쇄 발행 2025년 4월 2일
초판 3쇄 발행 2025년 5월 31일

글	동은
그림	허재경
발행인	원명
대표	남배현
본부장	모지희
편집	손소전 김옥자
디자인	정면
경영지원	허선아
펴낸곳	조계종출판사
주소	서울시 종로구 삼봉로 81 두산위브파빌리온 1308호
전화	02-720-6107
전송	02-733-6708
이메일	jogyebooks@naver.com
등록	제2007-000078호 (2007. 04. 27.)
구입문의	불교전문서점 향전(www.jbbook.co.kr) 02-2031-2070

ISBN 979-11-5580-251-9 03220

· 책값은 뒤표지에 있습니다.
· 저작자의 허락 없이 일부 또는 전부를 복제·복사하거나 내용을 변형하여 사용하는 것을 금합니다.
· 이 책의 내용 전부 또는 일부를 사용하려면 반드시 저자와 출판사의 서면 동의를 받아야 합니다.

조계종출판사 지혜와 자비의 눈으로 세상을 바라봅니다.